Laura A. Jana——著
丁凡——譯

QI教養，啟動幼兒大腦

七大關鍵技能，培養孩子正向的生命力量

The Toddler Brain

教養之道就等於職場之道

小兒科名醫
黃瑽寧

我知道市面上育兒的書籍，通常是媽媽在閱讀，至於爸爸們不是不願意，而是常常看不下去。育兒書籍之所以讓男人無法消化，可能是因為內容太過瑣碎，或者論述偏向教條化等等，而這些都不是我們男人所喜歡的溝通方式。

有趣的是，在男性閱讀的排行榜上，職場管理類別的書籍，卻時常名列前茅。比如說什麼行銷法則啦，領導力養成啦，甚至創意發想等主題，都是男性所急於想了解，也是在職場上所必須的能力。然而身為兒科醫師，我必須告訴每一位父親：想要培養職場領導力，親和力，創造力，最好的訓練場所，其實就是在自己的家中。

教養之道等於職場之道，這觀念不只我這麼認為，美國內布拉斯加大學醫學中心的知名兒科醫師賈納（Laura Jana），也頗有同感。賈納醫師跟我的背景相似，我們都在醫學中心工作，各自有次領域的專長，卻很想多寫一些科普書籍在育兒觀念上，幫助一般的家庭。在賈納醫師的新書《QI 教養，啟動幼兒大腦》中，她特別把育兒的七大觀念，比喻為七種中國功夫的「氣」（Qi），意思是打通這任督七脈，父母的教養功力，就可以達到無招勝有招的境界。有趣的是，作者如果把書名改成「QI 訓練，啟動職場大腦」，然後以職場生活當做範例，竟也是毫無違合感！

賈納醫師所發明的七種氣，分別為 Me — We — Why — Will — Wiggle — Wobble — What if，作為理論的架構。首先，父母和孩子都要先自我察覺，學習自我控制，自我調適，進而有正念思考，這是親子雙方心理建設最重要的第一步（Me）。第二步是建立親子協作，或手足合作，甚至群體協調。白話一點的說，就是將一個幼兒從以自我為中心，帶領到願意與其他人一起生活或玩遊戲的群體個性（We）。第三步，進入團體生活之後，要培養一個肯問「為什麼」的小腦袋（Why），以符合愛因斯坦的名言：人要花五十五分鐘想一個好問題，然後用五分鐘找答案。

前三種氣都練完之後，各種學習進入撞牆期，家長如何幫孩子找出內在動機（Will），讓他們不需獎勵也能持之以恆？我想這也是很多父母束手無策的難題。另外，要培養規律的運動習慣（wiggle），提高挫折忍受度（wobble），最後天馬行空的發揮想像力與創造力

（what if），這就是賈納醫師所發明的七種氣，所帶來的育兒思維。

賈納醫師在書中時常以職場技能來比喻教養育兒，才發現兩者真的有極大的相似點。在類似 Google 的跨國大企業中，他們鼓勵員工正念思考，懂得多方合作，擬定良好問題與策略，挖掘員工內在動機，以及在公司中設置健身房等等，其實與賈納醫師所歸納出來的七種氣，基本上是不謀而合。或許「教養之道等於職場之道」這個說法，可以勾起爸爸的興趣，讓他願意好好坐下來，讀一本中肯的教養書籍。

成功人生從幼兒腦力開始

親子教育家・建中資深名師
陳美儒

風靡近半世紀，著名的《星際大戰》科幻電影中，廣為流傳的劇中名言：「願原力與你同在。」究竟尤達長老、黑武士、路克天行者、最高領袖史諾克，所極力推崇又畏懼的「原力」指的到底是什麼？

一九七〇年至一九八〇年好萊塢大導演兼編劇的喬治・盧卡斯推出《星際大戰》三部曲，立即橫掃世界電影賣座紀錄；歷經將近四十個年頭，這部電影史上的不朽經典，在二〇一五年底以《原力覺醒》為片名，一直到二〇一七年星際大戰八的《絕地武士》；雖名為「星際大戰」系列，其實一切核心價值仍在「原力」一辭。

美國 Nebraska 大學醫學中心主任 Dr. Laura Jana，是著名的育兒暢銷書作者，同時也是為臨床小兒科醫師。他的最新著作：《*The Toddler Brain: Nurture the Skills Today That Will Shape your Child's Tommorrow*》將由遠流出版社初版，中文翻譯為《QI教養，啟動幼兒大腦》；書中主旨提供給幼兒爸爸媽媽的教養祕訣〈QI〉，其實就是《星際大戰》中的「原力」。它代表一種正向的能量，一種無行的浩氣凜然磁場；就好似《星際大戰》的名言：「May the force be with you」，願原力與你同在。

QI不等同IQ，IQ是：Intelligence Quotient，指的是大腦的智商，而其成分大多來自天生。

本書作者強調的QI，卻是潛藏在生命裡的正向力量，那是一種可以化腐朽為神奇的「氣」。

有些江湖術士想賺人錢財時，總愛跟前來算命的人說：「先生，你印堂發黑，氣色不好，要解厄化災才好。」

氣色，究竟氣色是什麼？氣，可有顏色、形狀嗎？

氣，摸不著，碰不到，卻顯然讓人感覺它的存在；氣的清明或混濁，顯然地也在驅動一個人心的走向，一個行為光明磊落或鬼祟隱晦的表現。

腦神經醫師多年來不斷地發現，幼兒早期腦部刺激的良窳和未來成長是否成功健康，是有重大連結的。

作者 Dr. Jana 在書中特別強調：「幼兒在五歲前的心智發展比任何時候都快。所以在這幾年更需要刺激神經連結，暨可以養成熱愛學習的心態，更可以學得正向的人生技巧，以便在二十一世紀獲得成功。」

先聖孟子曾教我們養氣，養浩然正氣。

Dr. Jana 則不只要幼兒父母教孩子養氣，更提出七項「氣的技能」（QI skills）：自我管理、人際技能、為什麼（提問、好奇與求知欲）、意志（動機、自我激勵）、扭動（身心不靜止的化為行動力）、搖晃（加強靈活度、適應力與韌性）、如果（想像力結合創造欲）。

美儒老師在杏壇行走逾四十年，我願全力推薦這本具醫學專業知識，又富臨床真實經驗的幼兒教養極品好書；期待所有新手父母和關懷兒童成長的老師、成年人，因為閱讀此書而為小小蒙童開啟未來美好的人生大路。

創造屬於你的優勢教養

翁仕明

這是一本非常深入淺出的教養書，以小兒神經科醫師的角度看來，更加彌足珍貴。二十一世紀，生醫科學領域中，無疑的，腦科學佔據相當重要的地位。美國總統歐巴馬早在二〇一三年即宣布成立研究人類大腦的大型計畫「推進創新神經技術腦部研究」，藉此探究神經科學新科技並繪製空前詳細的大腦活動圖。希望利用此一計畫能更了解健康大腦運作方式，進而研發治療阿茲海默症、自閉症等腦疾之新世代療法。

最近這些年來的腦神經科學的進展，真的遠遠超出我們想像。舉例來說，前一陣子掠過我眼前的一篇報導，探討小腦在語言預測性中所扮演的角色。我們先來談談小腦這區塊傳統上大家的印象：在幾乎熟悉科普資料的朋友們眼中，小腦就是動作平衡的中樞，如果小腦中風，最頻繁出現的症狀即是暈眩；沒錯，醫學系的老師二十年前也是這樣告訴我們的。

然而，近十年來，小腦除了動作平衡，開始有科學家發現，對於我們的語言輸出，小腦也扮演一定的角色，尤其是語言的預測性。所謂語言的預測性，指的是人類語言的運作，當我們接受視覺或聽覺等感官刺激，例如看見了一串香蕉，這時，腦部語言中樞便開始提取相關香蕉的字彙，如香蕉、黃色、串，等等。這樣的運作模式，可使我們對於他人語言的應對更加順暢，然而，此種預測性，以往認定皆由大腦區塊負責，最新研究竟指出，右外側的小腦區塊（並非左右對稱，左外側無明顯反應）在語言預測性啟動時，於腦部影像研究的實驗當中，出現了明顯活化的現象。

雖然早在二〇一四年左右，即有科學家懷疑右外側的小腦可能與語言預測性相關，不過，卻直至這個月初（二〇一七年七月），直接相關的證據才由一群科學家完整證實。很多人或許會問，這種連結與我們生活有任何相關嗎？當然有，而且絕對相關。早期我們認為語言相關的功能，多數位於大腦，例如大腦額葉的 Broca 區或是大腦顳葉的 Wernicke 區，因此，只要相關失語症的研究，幾乎完全偏向大腦，治療的開發也是只侷限於大腦，如今，小腦也浮現在人類語言產出的路徑上，當然就必須多多關注小腦，這也許日後能造福更多患者。

回到這本書，我最喜歡Dr. Laura Jana當她提出她的論點時，總是有最新的腦科學證據作為理論基礎，這在坊間的教養書中，可說是一枝獨秀。Dr. Laura Jana是一位著名的兒科醫師，也不斷利用教育演講等模式，將相關兒童教養行為的最新觀念，傳播給美國大眾。我也曾在TED頻道收看過Dr. Laura Jana的演講，她曾經說明為何幼兒早期教育影響他們一生，因為85%的神經連結，皆發生在幼兒期；也就是說，具策略性的父母教育模式，將造成幼兒於後續人生的優良影響。

同時，在Dr. Laura Jana的文章中，永遠不忘將孩童年齡分層，把一個教養孩童的觀念，根據不同年齡採取不同模式的引導，這點我相信專業的兒科醫師皆能會心一笑；因為對我們來說，孩童的成長是與時俱進，三歲與五歲的孩童必有截然不同的需求，如果只是講述模糊的概念，絕對無法輕易落實於生活之中。我很高興在教養書的市場上，出現了這樣一本瑰寶級的參考書，也迫不及待地希望Dr. Laura Jana所提供具有腦科學證據的教養理念，可以帶給無數新手或是有經驗的父母們，既嶄新又實用的概念，真心向您推薦！

（撰文者為財團法人台安醫院小兒部小兒神經科主治醫師
北護語言治療與聽力學所兼任助理教授）

優質教養，從理解幼兒大腦開始

王意中心理治療所所長／臨床心理師
王意中

翻轉IQ，就讓QI重新來詮釋孩子所需具備的關鍵力。在幼兒〇至五歲的黃金關鍵期，讓我們打破長期以來對於IQ的迷思。現在邀請您，一起透過《QI教養，啟動幼兒大腦》這本書裡的科學實證，欣喜進入幼兒大腦的神奇殿堂，在孩子大腦可塑性最高的幼兒階段，讓父母以及老師在教養以及教學上，重新下載七項關鍵的QI App能力。

透過孩子天生的遊戲本能與概念運用，讓幼兒的大腦升級、進階、更新到更優質的系統。以優雅面對未來成長所需具備的生存能力。

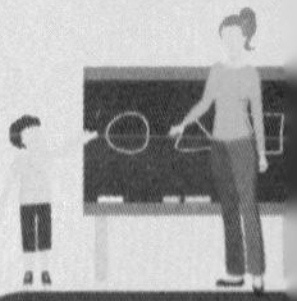

全新的時代需要創新教養

敦南兒童專注力中心技術長
廖笙光

我們即將跨進另一個全新的時代，不論是無人車或人工智能，都將大大改變我們的生活模式。隨著世界變化的越來越快，爸媽教養孩子的方式，當然也要學著改變。書中透過一個一個科學研究，幫助我們更加了解寶貝的想法，認識他們的世界。

千萬不要小看幼兒早期的經驗，這時是大腦最活躍的時期，每秒都在創造出數以萬計的神經連結。當爸媽是非常神聖的工作，不只是食物的提供者、生活的陪伴者，我們更是寶貝的人格塑造者。就讓我們一起翻開這本書，培養未來的「七大關鍵」能力吧！

得到的誇讚與肯定

「這本書異常重要、及時且篤定，具有專業洞見和威信，呈現了許多重要角度和視野。賈納醫師（Dr. Jana）的文字很溫暖，像個關懷孩子的家長，為這個完美處方添加了魔法。『所有』的家長和照顧者都應該閱讀這本書！」

——米妮．康克貝爾（Mine Conkbayir），幼兒研究者兼講師，
著有《幼年與神經科學》（*Early Childhood and Neuroscience*）一書

「本書引人注目，為數位時代的家長提供策略性計畫，讓孩子與家長擁有實用的工具，提升生活品質，每天都可以訓練頭腦，發展二十一世紀所需的技巧。」

——奇普．唐納休（Chip Donohue），艾瑞克森學院（Erikson Institute）遠距學習和推廣教育（Distance Learning & Continuing Education）院長以及幼兒技術中心（TEC Center）主任，
同時也是《幼年的家庭參與》（*Family Engagement in the Early Years*）期刊的編輯

「有力的洞見，這本吸引人的書提供了關於幼年的最新研究結果，讓家長可以每天掌握機會，協助孩子全方位發展，在現代社會獲得成功。」

——馬克．格林伯格（Mark Greenberg），賓州立大學（Penn State University）
預防科學系（Prevention Science）榮譽教授

「關於腦部發育與幼年技巧和能力的研究非常引人注目，讓我們得以擁有最佳工具，協助孩子成功，長大之後成為更聰明、更健康、更快樂的人。這是一本具有指標性的書，作者是有名的小兒科醫生及親職書籍作家。這本書指引我們朝向正確的方向前進！」

——喬治・哈法森（George Halvorson），加州首五兒童與家庭委員會（California's First Five Commission for Children and Families）主席、團體理解學院（Institute for InterGroup Understanding）主席與執行長、凱薩醫療機構（Kaiser Permanente Health Systems）前主席

「蘿拉・賈納醫師比我認識的任何人都更親近有趣的事物。兒童發展、親職、商業、科技有何最新進展嗎？蘿拉都在傾聽，與人交流溝通，學習不同的事物，並將這些不同的事物聯結起來。也只有像蘿拉這種具有獨特觀點的人才做得到。在本書中，賈納醫師帶你到她的世界裡去：一個正在發生奇妙事物的地方，包括腦部科學知識的大爆發、正念覺知的力量、商業領域新知，以及母親擁抱的溫暖。當這些想法都交織在一起的時候，親職的探險之旅會變得更為驚人，而幸運的是，比你想像的容易。」

——大衛・西爾醫師（David L. Hill），美國小兒科學會會員（FAAP），《爸爸之間：像專家一樣》（*Dad to Dad: Parenting Like a Pro*）作者、美國小兒科學會溝通與媒體理事會（AAP Council on Communications and Media）主席

「身為學校督學，我知道這有多麼重要。孩子來學校的時候，應當已經準備好要學習了，家長也應當準備好要支持孩子了。賈納醫師為家長和照顧者提供藍圖，如何讓孩子準備好，不但在學校能夠獲得成功，也為未來一生打下基礎。」

——布連安．麥克肯恩醫師（Blane McCann），內布拉斯加州（Nebraska）奧馬哈（Omaha）西邊社區學校（Westside Community Schools）的督學

「蘿拉．賈納醫師在此書中融合腦部科學、企業創意和實際的親職工作，教導我們二十一世紀所需的技巧，制定可行、有彈性、策略性的計畫，讓孩子未來成為最棒、最快樂、最有貢獻的人。」

——麥克．李奇醫師（Michail Rich），媒體技師（The Mediatrician）、哈佛媒體與兒童健康中心（Harvard Center on Media & Child Health）主任

「賈納醫師成功呈現了如何及早培育生活重要技巧——也稱為 QI 技巧——抓住了時代改變的關鍵核心。對家長和社會整體而言，在這個快速改變的世界裡，這是為孩子未來成功和幸福所做的最佳準備。」

——馬丁．史卡格里昂（Martin Scaglione），希望街集團（Hope Street Group）總裁與執行長、ACT 勞動部（ACT Workforce Division）前總裁與營運長

「閱讀此書會讓你和你的幼兒變得更聰明！在這本創新的親職書籍中，賈納醫師介紹了QI技巧的概念。QI指的是超越智商（IQ）的特質，可以引領孩子長大以後獲得成功。你可以從嬰兒早期便開始培養這些重要技巧，給你的孩子最棒的起點。本書的核心親職建議將帶給未來世代長久的正面影響。一定要讀！」

——小兒科醫師珍妮佛・許（Jennifer Shu），CNN Health專訪，美國小兒科學會（American Academy of Pediatrics）健康兒童組織（HealthyChildren.org）的醫學編輯

「非常及時又有用！身為小兒科醫師和執行長，我總是在尋找有用的資訊。關於為何、如何和何時協助孩子發揮最高潛能，這是截至目前我看過最好的一本書。本書提到的洞見和QI技巧雖然對幼兒很有效，但是無疑也會造福各個年紀的兒童（以及成人）！」

——傑夫・湯姆遜（Jeff Thompson），小兒科醫師、鋼德森健康系統（Gundersen Health System）榮譽執行長

「蘿拉・賈納醫師是一位具有影響力的人物，她是一位國寶。希望她能一直寫作、演講下去，不斷　發家長們，養育出未來最棒、最聰明的孩子們。」

——蘿絲瑪麗・威爾斯（Rosemary Wells），紐約時報（*The New York Times*）暢銷兒童書作家

從小培養孩子正向的生命力量

喬・克須納（Jo Kirchner）
報春花學校系統（Primrose Schools）執行長

你手上的這本書可以改變世界。但願這本書是我寫的，為什麼呢？因為這本書精準地呈現了我的堅強信念：孩子會成為怎麼樣的人，和他們知道些什麼一樣的重要。過去二十五來，我有幸領導全美三百多家有證照的幼兒園。這個信念是我的指導原則。你在接下來的書頁中會學到，研究證明了這個信念無比重要。我們必須讓孩子準備好，迎接一個複雜的世界。在這個世界中，同理心和識字一樣的重要。

蘿拉・賈納和我相識十多年了，她那時開了一家報春花學校。沒多久我們就發現，彼此都對有品質的幼兒教育充滿熱情，希望學前教育能夠在心智、社會情緒、生理和生活技巧上取得平衡。我們的友誼不斷加深，與此同時，神經科學家不斷發現兒童早期腦部刺激和未來成功之間的重要連結。蘿拉是小兒科醫師，也是知名的親職專家，她的視野來自專業訓練和經驗，我的視野則來自身為母親的直覺。

我不像蘿拉，我從未計劃要擁有一個關於幼兒的個人事業。這個事業找到了我。那時候我為自己的孩子尋找有品質的學前經驗，卻感到失望。當時我還不知道如何形容，但是在我的想像中，有那麼一個地方，不止培養孩子的學術技巧，也教導蘿拉在本書中描述的QI技巧，正向的生命力量。

我很喜歡《QI教養，啟動幼兒大腦》一書將看似無關、其實非常重要的企業、領導力、創新和幸福的科學原則與親職結合在一起。無疑的，此書將協助家長和照顧者理解他們在建構孩子腦子的過程中所扮演的重要角色。幼兒在生命頭五年的心智發展比任何時候都快，這幾年是刺激神經連結的關鍵期，不但可以養成熱愛學習的心態，同時也養成正面的人生技巧，以便在二十一世紀獲得成功。

我很高興蘿拉將她的智慧訴諸文字，讓各地的家庭受惠。如果讀者遵照她的建議，今日的孩子將更有能力面對明日的挑戰，世界將成為更善良、更慈悲的地方。

QI 教養，
啟動幼兒大腦

第二部：QI技巧

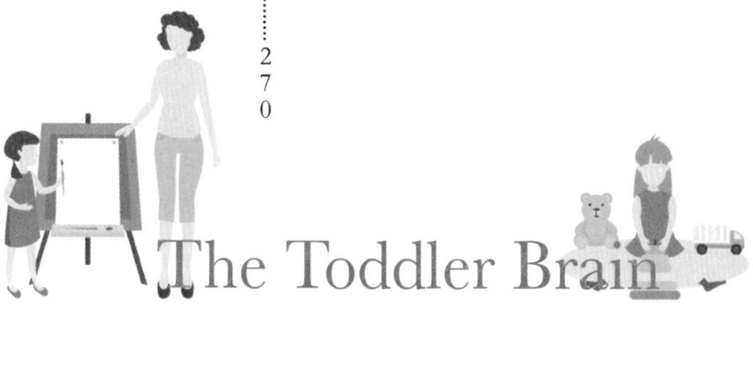
The Toddler Brain

The Toddler Brain

第一部

第一部 介紹

「啟動寶寶」

我們的孩子是未來的磐石……每個孩子豐富的潛能必須發揮出來，成為社會蓬勃發展所需的技巧和知識。

——前南非總統曼德拉（Nelson Mandela）
於一九九五年南非偏鄉學校落成的演講

假設我們有了最強的動機，盡了最大的努力，用到資訊時代所能夠提供的所有知識與方法來教育孩子，希望孩子成功，但如果孩子將要面對的未來世界，現在根本還不存在呢？

我知道一開始就提出這個問題，不是親職書籍的最佳起頭，尤其無法啟發幼小孩童的家長。但是我越來越相信，這個問題或許是最重要的議題，是「所有」二十一世紀的家長都必須思考的問題。如果我們策略性的思考孩子未來的世界，更了解他們會需要什麼技巧，將決定我們扮演的角色，以保證他們的成功。因此，我寫了這本書。

回答這個問題之前，我首先要解釋一下為何我要提出這個問題。過去二十年，我都在小兒科和親職領域中工作。我是一位小兒科醫生、三個孩子的母親、學生超過兩百名的兒童教育中心負責人、美國小兒科學會（American Academy of Pediatrics）的發言人，創立了親職諮商（Practical Parenting Consulting），與人合寫過兩本親職書籍和三本兒童繪本（主題包括新生兒照護、營養、刷牙、如廁訓練以及早期兒童發育），可以說有絕佳機會不斷接觸日常親職的各個面向。直到一次轉折性的對話，讓我重新思考自己的親職觀點。

幾年前，我去參加一個全國研討會。有人介紹我認識了一位成功人士。他給了我一本他自己簽過名、剛剛出版的著作，隨意的說：「我會很高興知道你的看法。」我認真以對，讀了他寫的書，並且跟他說了我的看法。我跟他說，他的書不但很有洞見，並且在二十一世紀如何養育有建設性的兒童上，我特別有共鳴。

截至目前為止，這件事似乎還算正常，我的專業工作原本就牽涉到寫作和審閱親職文章。特別的是我還沒提到的部分：這位男士既不是小兒科醫生，也不是親職專家，他甚至還沒當爸爸。這本書的作者是矽谷名人，領英公司（LinkedIn）的共同創辦人瑞德・霍夫曼（Reid Hoffman）。我們可以肯定的說，他的書《自創思維》（*The Start-Up of You*，正體中文版由天下雜誌出版，原文書名為「你的啟動」）[1]從未，將來也不會，在亞馬遜（Amazon）網路書店搜尋的親職書籍類出現，也不會在任何書店的親職類書架上出現。如果你不熟悉《自創思維》這本書，讓我先說明一下。它被歸於「事業——商業與經濟」類，旨在有策略的協助讀者「生存並成功，達成最大的專業野心」，讓讀者人人都能成為自己生涯的執行長，控制自己的未來。

表面上看來，我們的事業大相徑庭，我們的書也被歸在不同的架上，但是霍夫曼和我的信念卻驚人的相近。我們都認為，找出二十一世紀需要的成功技巧是非常重要的事。這讓我想到，或許親職世界也可以由「啟動寶寶」（Start-Up of Your Baby）的思維獲益。霍夫曼和許多商業、經濟、領導力、創新領域人士都已經知道，要在今日新興的「創新經濟」中獲得成功，需要哪些現代技巧。我們致力兒童教育，希望他們長大以後足以迎接成人生活，我們的任務就是要負責將這些技巧組合起來。我們做的是比較上游的工作。

值得一提的是，雖然這本書稱為《QI 教養，啟動幼兒大腦》，我認為我們教導兒童現代技巧的機會其實來得更早，甚至是在他們學會站立之前。在幼兒時期，我們在嬰兒時期所做的努力開始外顯，幼兒開始走路、說話、伸手碰觸周圍的世界。但是事實上，早在幼兒時期之前，就應該成功建構腦部和心智技能了（而且要持續到幼兒時期之後很久！）。最新的腦部與兒童發育科學研究顯示，每一位家長需要了解三個重要觀念：

1. 腦部基礎建構的機會從第一天就開始。
2. 幼兒時期之前以及之後數年——具體來講就是出生到五歲——是無可替代的機會，培養無價的、足以改變生命的二十一世紀的技巧，讓孩子一生受益無窮。
3. 是的，頭五年至關重要，但是到了五歲，腦部發育與技巧建構都還會持續進行。你的努力代表了一生親職承諾的開端，及早奠定堅實的基礎將更能獲得成功！

現代人不斷疾呼要創新的點子，很多人認為，當多元概念、紀律和能力互相衝擊之時，最佳的創新機會便出現了[3][4]。我認為親職世界也正在面對這樣一個創新的「撞擊」，商業、經濟和職場的發展正在和神經科學、兒童發育、心理學和小兒科醫學發生撞擊，產生一套新的二十一世紀技巧，以便在這個日益複雜、改變迅速、全球化、科技和數據驅動的世界中獲得成功。執行長、經濟學者和教育家都在注意這些重要技巧，創新的家長將會看到眼前的大好機會：腦部建構的機會；及早培養這些技巧的機會；從帶著新生兒回家的那一刻起，就有機會開始應用我們對今日世界的理解，以便更有目標性的教育孩子，協助孩子獲取成功。

掌握心智的力量

根據知名發育心理學者萊夫．威戈司基（Lev Vygotsky），兒童若能及早掌握心智工具，不只可以讓他們轉化認知技巧，有目標、有意義的主導自己的學習，也可以轉化生理、社會和情緒技巧，讓他們成為自己行為的主人。

有策略的親職計畫

幾十年來，如果不是幾百年來的話，家長總是抱怨嬰兒出生時為什麼沒有自備使用手冊——這意味著，當我們掙扎著養育孩子，讓他們能夠在彼此連結的世界裡生活、學習、成長的時候，我們內心深處期待能夠精準的預測、計劃和準備面對每一項潛在的親職挑戰。但事實上，這是不可能的，根本不切合實際。霍夫曼在書中寫道：「你在改變，你身邊的人在改變，遼闊的世界也在改變——因此，遊戲規則會演化和適應。」(5)

我認為今天家長需要的，不是教大家如何養育孩子的使用者手冊，而是有策略的計畫，不斷提醒大家，我們為什麼這樣做或那樣做，弄清楚我們最終的目標是什麼，提供可以執行的引導。同時，當我們面對新的親職挑戰時，懂得變通並堅持下去。

作家珍妮佛・希尼爾（Jennifer Senior）在她的《你教育孩子？還是孩子教育你？》（*All Joy and No Fun*，正體中文版由行路出版社出版）一書裡說道：「親職已經成為一種活動（也可以說是一種專業了），但是親職目標仍然非常不明確。」(6)一天裡，有成百上千的議題需要注意，家長很難找出時間計劃未來。但是如果沒有計畫，執行上會更艱鉅。在另一本看似無關但是極為重要的書中——《寫給傻瓜的創業計畫》（*Business Plans For Dummies*）——有幾乎完全相同的說法(7)。

一旦了解到，瞬息萬變的世界正逼著家長放棄使用者手冊，改為有策略的計畫，就已經是朝著正確方向邁出一大步了。那麼再往前走一大步，我們就著手發展出一套實際而可行的策略計畫——一方面激發我們採取有目標的行動，一方面成為我們的北極星，讓我們追隨著它，做出每天的決定、面對每天的挑戰。要這麼做，首先我們必須回顧一下，策略計畫的核心元素是什麼，要如何應用在親職工作上。

開始之前，我們必須瞭解策略計畫和長期計畫的不同。根據《寫給傻瓜的創業計畫》一書，長期計畫（很像使用者手冊）會假設，我們可以信賴關於未來的現有知識(8)。我們在第二章將會討論到，這個假設是錯誤的，已經無法運用在企業或親職工作上了。相反的，策略計畫的設計本來就是針對不斷變動的環境所作出的回應，更適合今天的世界和我們的親職需要。

每一個策略計畫都包括以下基本元素：

- 任務和視野陳述
- 描述長期目標
- 達成目標的策略
- 執行的行動計畫

本書提供的正是親職工作裡的這些元素。

首先是任務和視野。如果只用一句話清楚概括家長付出努力所希望達到的長期結果，就會是教養孩子成為快樂、健康、成功的成人了。這是普世的願望吧。但是策略計畫並不止於此。

我們要把視野放在更大的親職目標上。蓋洛普（Gallup）研究清楚指出幸福的五個主要元素：事業、經濟、社會關係、生理和社群[9]。這五個元素都很重要，並且彼此相連。讓我們從事業成功開始仔細檢視策略性親職計畫的目標。你會發現這個目標與二十一世紀所需技巧與建構腦部的策略有著直接的聯結。有了這些技巧與策略，才能達到事業的成功。

為了把策略親職計畫的所有元素放在一起，讓讀者容易閱讀，我們必須先提出以下的三個基本問題，以釐清重點：**我們的現況為何？我們將往何處去？**最後，但是也是最重要的，**我們如何到達那裡？**[10]

〈為什麼是我們？〉這一章回答了「我們的現況為何？」的問題。這一章評估了目前的親職狀況，討論包括如何以我們的優勢為基礎並掌握機會。同時也考慮到，在養育孩子成為可以面對人生的成人路上，家長可能出現的弱點與遭遇的威脅。

接著是〈為什麼是現在？〉章節。要回答這個問題，我們必須比一般親職雜誌、書籍和網誌更廣泛地檢視快速改變的世界中，不斷增加的複雜度。我們需要暫時脫離日常親職的現實，評估一下從我們年輕到現在，從上一個世紀到現在，有些什麼改變。我們將會因此對孩子未來的世界有更清楚、更重要的理解。

再來將進入〈為什麼要早？〉章節。在我們具備了〈為什麼是現在？〉所提出的重要洞見和各種極為重要的技巧之後，〈為什麼要早？〉章節將透過回答「我們如何到達那裡？」這個問題，協助我們擬定創新的親職策略。首先，同時也是最重要的一點，我們保證本書絕對不是另一本虎媽或直升機父母的書。

〈為什麼要早？〉一開始就會說明清楚，早早開始並「不」意味著什麼。接著會提供二十一世紀技巧建構背後的嬰幼兒腦科學基礎，將嬰幼兒發育最早階段的重要科學細節整合起來。

〈為什麼要早？〉也提供了清楚的目標和行動，讓所有的家長都可以運用，以建立這些技巧，加強教育孩子的可貴機會，在孩子生命的最早期就開始建構我們已知二十一世紀所需的技巧，以便孩子達到成功。

第一章　為什麼是我們？

親職現狀

如果你的行為啟發別人有更多夢想、更多學習、做更多事、成為更好的人，那麼你就是一個好的領導人。

——知名歌手桃莉·巴頓（Dolly Parton）

從第一天起，當我的老師，當我的天、我的月亮、我的太陽。

——蘿絲瑪麗·威爾斯（Rosemary Wells），《手牽手》（*Hand in Hand*）

一九六四年，班傑明·斯波克醫師（Dr. Benjamin Spock）出版了《全方位育兒教養聖經》（*Baby and Child Care* 正體中文版由木馬文化出版）的第一版[1]。當時，以及之後的幾十

年，這本書都是市場上唯一的親職書。親職世界極為需要他的書。很快的，他變成大家心目中，當代最值得信賴的小兒科醫師了。他的影響力之大，大半個上個世紀中，許多家長視他的書為親職「聖經」。事實上，出版五十多年後，《全方位育兒教養聖經》已經成為世界上最暢銷的書之一，銷售量僅次於基督教的《聖經》(2)。

我很幸運，親眼目擊了斯波克的努力，提供家長基本的育嬰知識，教導大家兒童發育的基本知識。九零年代，我有幸與他一同工作，一開始是醫學院學生，後來當他的寫作顧問，完成了這本書的最後版本。他於一九九八年三月十五日過世。這本親職書除了提供家長實際、詳細、仔細解釋的建議之外，也說服家長「信任自己。你懂得的，比你以為自己懂得的更多。」世界各地的新手父母擁抱他的文字，產生自信。他的影響不僅止於生前，更將延續到未來世世代代。

信任自己

在斯波克被視為「世界首席小兒科醫生」的時代，「賦權家長」便是基本重要目標，直到今天仍然如此。但是世界改變太大了，要真正說服現代家長「你懂得的，比你以為自己懂得的更多」實在非常困難。新聞全天播放，書籍、網誌、雜誌、留言板、網站、推特、臉書上面不斷出現親職建議，現代家長獲得親職資訊的方式就像是從消防栓喝一口水似的，無法解渴，反而像要淹死了。簡言之，問題就是：我們活在資訊過量的時代，產生了密室回音的效果，想法與資訊——包括親職建議——不斷重複出現，即便有效期已經過了。有些資訊甚至從一開始就不重要。雖然我們比以前擁有更多的資訊，整個世界都在我們的指尖，但是對於現代成功親職表現與自信的真正威脅，一部分正是來自於無法區分資訊與知識。

並非所有資訊都是平等的。有那麼多的親職資訊到處流竄，往往很難（如果不是不可能的話）分辨哪些資訊可靠、哪些有事實基礎。家長可能會照單全收，無法篩除汙染的、不正確的危險訊息，或是讓人心生恐懼的危言聳聽。《大腦超載時代的思考學》（*The Organized Mind*，正體中文版由八旗文化出版）(4)一書的作者，行為神經科學家丹尼爾．列維廷（Daniel Levitin）說道：「垃圾充斥……越來越難分辨資訊的良劣(5)。」現代家長覺得自己似乎比以前知道得更少了。家長感到困惑而不知所措，不斷有疑問、比較，甚至彼此競爭，不斷尋找答案、保證和肯定。還有一大堆直升機父母和虎媽，使得競爭更加艱巨。

《全方位育兒教養聖經》首度出版之後的五十年裡，父母都可以很有信心地說：「斯波克幫我養育孩子。」現在市面上有成百上千的親職書籍，而且還在快速增加之中，卻無法引發這樣的信心。我聽到家長感嘆說，他們讀過「所有」的嬰兒書籍，卻仍然覺得迷失。資訊氾濫讓我們失去信心。為了真正相信自己，我們需要清晰且有策略的思考，想清楚我們在做什麼，為什麼要這樣做，然後建構清楚的行動計畫。這個計畫超越了日常的親職功能，引導我們找到我們需要的答案，讓我們有能力適應無可避免的親職挑戰。

換檔：從使用者手冊到策略計畫

抱著新生兒，很少父母不會希望有個使用者手冊。畢竟，帶著新生兒回家的現實和陌生感，會讓新手父母立刻沉浸在親職角色的當下。為了引導父母進入這個「勇敢新世界」，協助他們順利度過，我和別人一起合寫了一本類似使用者手冊的書：《養育新生兒》（*Heading Home With Your Newborn*）[6]。我的目標是——現在仍然是，這本書出版已經十年，印到第三版了——提供父母可以信任的、重要、迫切需要、一般人想知道的資訊，尤其是嬰兒剛出生的那些天。我寫書的時候，目標並不是提供父母需要知道的所有資訊，或是所有關於寶寶如何「運作」問題的答案。事實上，我不希望父母認為他們需要隨身帶著我的書（或任何人的書）。**我的目標是提供家長足夠資訊，建構一個他們可以運用的基礎結構，讓他們在養育孩子時可以做出最佳決定**。

一旦你掌握了親職工作的要領之後，下一步就是在做出親職決定時，記得更大的視野和目標：如何協助孩子發展成「可以面對成年生活」的成人。雖然我們希望以後再想這個全視野的大目標——最好是等到不再有尿布、哭泣、餵食的日子——但是如果等到安全度過嬰幼兒階段（最手足無措、疲憊而體力透支的階段）再來思考的話，可能就已經錯過對孩子的未來有重大正向影響的機會了。

為了最大化重要的早期階段，我提議一種更為賦權的做法，一開始先檢視親職工作的現狀，檢視家長的優勢與機會，讓自己充滿動機，同時誠實地檢視自己邁向成功親職之路的潛在弱勢和威脅，才能避免或克服它們。

世上最重要的工作

身為家長，我們擁有不止一個，而是好幾個，世界上最重要的工作。這是個大好的機會。我們是非常有影響力的榜樣。我們是孩子的第一位老師，如果我們做得好，還會是孩子最棒的老師。如果我們成功迎接挑戰，每天讓孩子積極參與──在〈為什麼要早？〉章節會進一步討論到「積極參與」比「娛樂、不惹麻煩」更有建樹──我們也可以為自己贏得遲來的 CEO 榮銜：領導參與總長（Chief Engagement Officer）。這些職位的工作任務都和養育能面對成年生活的子女一樣，每個職位都提供機會給我們，扮演孩子生命中的重要角色。如果我們把這些角色放在一起，現代家長被視為終極領導者就一點都不奇怪了。

雖然賽門．西奈克（Simon Sinek）寫的《最後吃，才是真領導》（*Leaders Eat Last*）不是親職書，但是書名本身就讓人想到身為家長的角色是什麼了──畢竟，哪個家長沒有過這種經驗呢？孩子吃飽了、洗過了澡、讀過故事書了、和爸媽擁抱過了、睡下了，飢餓的父母才胡亂抓點吃的餵飽自己(7)。我的看法與西奈克雷同，我一直認為，身為領導者就像身為家長一樣，我們才是為孩子的福祉負起終極責任的那個人。我們願意帶頭衝進未知，朝向危險，總是把孩子的利益放在自己之前，像是在現實世界玩跟隨領袖的遊戲（follow the leader，編按：先選出一個小朋友當領袖，其他人列隊把手搭在前一個人肩上，由領袖帶領到處走動，領袖走到哪裡，大家就跟到哪裡，過程中手鬆脫的人則被淘汰。）只有當我們保持在正確的道路上，才有可能「勝利」。

他們的整個世界就在你手上

從我們考慮擔任世界上最重要的職務——家長——的時候，我們最大的優勢之一，就是對孩子無條件的愛與堅定的承諾。我們想把整個世界都給他們，願意做任何事情達到這個偉大的目標。畢竟正是這種奉獻精神，讓我們在比價尋找嬰兒床的同時，也開始尋找親職答案、晚上失眠、計算大學學費。同時，這種奉獻精神顛覆了我們的生活，重新定義了我們的人生目標。

現代社會的親職工作充滿了自責與競爭。長久以來被視為最大的優勢現在卻可能成為威脅，除非我們謹慎的思考何謂「最好的」。我們需要明白，想要給孩子最好的，並不意味著為他們提供一切、做盡一切、滿足每一個需要；也不意味著不計代價寵溺或讓他們開心。「最好的」經常被誤解為「清除孩子遇到的一切障礙」，而不明白**超越障礙的能力是他們成長與發展所不可或缺的一部分**。為了妥善利用我們的最大資產——對孩子無條件的愛與承諾——我們需要記得，親職工作是一個精細的平衡。「給孩子最好的」是指讓他們發揮潛能，而不是累積資產；是培養他們的目標與熱情，而不是給他們不必要的壓力；是盡到保護他們的責任，而不是過度保護，不讓他們絆倒、跌倒，結果錯失學習如何再次爬起來的經驗。

親職的現實檢查

雖然我全心全意相信積極親職教養的力量，但是我們也應該用實際的態度去評估一些常見的現代親職病。這些親職「診斷結果」很有傳染力，如果任其發展下去，可能讓許多父母偏離正軌，大大破壞了他們的完美計畫。好在，光是知道可能存在這樣的危機，就可以讓家長採取必要步驟，有效預防。

親職病可以分為以下四大類：

1. **憋氣**。這種病的特質就是新手父母常常低著頭、憋著氣，希望一切安好，能夠平安度過接下來的五年（或十八年）。幾年前，我看到一幅單格漫畫，把這個常見病症的樣子描述得十分貼切：一個不堪其擾的母親站在亂糟糟的廚房裡，一個幼兒拉著她的衣擺，一個嬰兒在她懷裡嚎啕大哭，她拿著電話靠近耳朵，下面的文字是：

   「我可以五年後再回你電話嗎？」

2. **短視**。同樣常見的病症是，我們越看向未來的親職目標，目標越是模糊，很難看得清楚。如果家長不學著拓寬視野，親職短視可能成為慢性病。即便如此，這種短期思考在養育幼兒的初期卻最為常見。可以想見，所有的哭泣、穿衣、汽車安全座椅和尿布加在一起，讓我們看不到親職的大視野。這種無法綜觀全局、僅聚焦於當下的單一視野，被稱為「家長的困境」，因為它讓家長迷失在短期目標中（混合了可能不熟悉的隱喻風險），就好像以每一季的收入為思考角度而度日，卡在相同的親職困境。

3. **慢性親職疲勞**（chronic parenting fatigue, CPF）。一開始，某種程度的親職睡眠不足是無可避免的。然而可怕的是，嬰兒開始睡整夜之後，我們依然持續感到無法承受，覺得挫折、疲憊、長期有壓力。慢性親職疲勞的部分原因是直升機父母或虎媽式的親職教養，或是媽咪戰爭，以及贏在起跑點上的思維，想要敦促孩子更早、更快、更好達到某個目標，並且第一次就做對。為了努力跟上持續不斷的競爭與比較，除了會讓家長飽受自我懷疑或自責的折磨之外，講白一點就是「累壞了」。如果一直置之不理，慢性親職疲勞可能威脅我們的自信，以及我們持續追求終極目標的能力。

4.社交不足症（social deficit disorder, SDD）。現代父母比上一代更可能缺乏家族或任何「村莊」來一起撫養孩子。結果就是，人們覺得孤立、缺乏社會連結與支持。我們知道，社會連結和支持對我們的身心健康是很重要的。這個病症也讓我們接受了「親職工作本來就必須遠離真實世界」的錯誤思維。除了工作、孩子玩伴時間、幼兒園活動，以及其他和親職工作直接有關的活動之外，家長和外面的世界缺乏互動，使得家長的世界觀越來越狹窄。如果不設法改變，家長最終會和孩子將要生存的世界失去連結。

為了改變過於頻繁定義新親子關係的現代親職工作危機，我們需要堅守更大的親職目標。有目標的親職工作意味著「以終為始」。根據《與成功有約：高效能人士的七個習慣》（*The 7 Habits of Highly Effective People*，正體中文版由天下文化出版）作者史蒂芬・柯維（Stephen Covey），以終為始的策略就是我們在開始每一天、每一個任務、每一個計畫之前，都對自己的方向與終點有清楚的視野，不斷展現主動積極的親職態度，讓事情發生(10)。這就是有策略的親職計畫。

那麼，為什麼是我們？

你為了孩子的幸福所許下的堅定親職承諾，以及嬰幼兒時期你為孩子扮演的諸多重要角色（不只是一天之中，甚至是同時扮演的諸多角色），這個有力的組合讓你置身正確時機和地點，擁有最佳機會。在〈為什麼要早？〉一章中會有更詳細的說明。科學家發現，身為家長的角色遠比保護者和孩子基本生存所需（食物、水、棲身處、安全）的提供者來得更多——事實上，你的角色可以培養關鍵技巧，形塑寶寶的腦部，讓他未來能夠成功。所以，「為什麼是我們？」因為從孩子出生開始，我們——作為孩子的家長、保護者、提供者、榜樣、老師、領導者和領導參與總長——就是對孩子的人生具有最深遠影響的人。

如果我們同意，我們的終極目標就是讓孩子在現代世界生活、學習和茁壯，那麼很自然的，我們的下一步就是自我們的親職戰壕中抬起頭來，看看四周更大的世界發生了什麼，找出孩子需要什麼技巧才能獲得成功。這就進入〈為什麼是現在？〉了。

第二章 為什麼是現在？

“孩子生活的未來世界”

十億小時之前，智人（*Homo sapiens*）出現……

十億秒鐘之前，國際商業機器公司（IBM）的個人電腦上市。

十億條 Google 搜尋之前……正是今天早晨。

——哈爾．范里安（Hal Varian），谷歌（Google）財務長，二〇一三年九月十日於全國企業經濟協會（National Association for Business Economics, NABE）的發言

決心更有策略的協助孩子成功，表示我們需要將自己的注意力從當下的親職工作移開，即使只是一下子，對孩子的未來世界獲得清澈的視野。

近年來，我越來越覺得，親職和企業並沒有那麼大的不同。第一次讀到《自創思維》（*The Start-Up of You*，正體中文版由天下雜誌出版）時，我的想法更為堅定。我感到很有興趣，決定好好學習企業和創新的領域都在做些什麼。我讀了《哈佛商業評論》（*Harvard Business Review*）、《財富》（*Fortune*）和《公司》（*Inc.*）雜誌裡的文章，吸收別人的結論，同時研究從谷歌到蓋洛普（Gallup）的企業領袖。我愈比較這些世界與我熟悉的親職世界，愈發現企業要的技巧和親職世界培養兒童具有的技巧之間有很強的連結。事實上，像是〈不要寵溺——要參與！〉（Don't Pamper—Engage!）[1]、《培養心理抗逆能力》（*Building Resilience*）[2]和《玩成大贏家》（*Playing to Win*）[3]這一類的標題或書名，已經很難辨識是哪一個「世界」的書了。今天的協同效應十分驚人。如果你翻開商業雜誌或《紐約時報》（*The New York Times*），或是任何地方報紙的商業版，都可以看到企業和親職之間以及職場發展和早期學習之間的直接關係。

我們不斷努力思考我們要去哪裡、如何達到親職目標，現在是時候花一點時間，超越傳統的親職場域，超越所有的書籍、網誌、親子課程，去注意身邊大世界的重大改變，並據此改變我們的親職方式。這就是我們即將討論的主題。

發生了什麼事？

了解親職方式需要改變的好方法，就是看看我們四周，問自己：**發生了什麼事？**簡單的說，就是資訊時代來臨了。工業時代已經過去了，生產線單一格式接觸世界的線性方式都過去了。我們現在快速進入一個充斥了唾手可得的無限資訊的時代。家長身在各種主題的親職資訊無限充斥的環境中，非常了解資訊革命令人眼花繚亂的效果，每天都在親身經歷這種感受。

然而並不僅如此，除了動一動手指就可獲得資訊之外，還發生了別的現象。資訊時代也被視為數位時代不是沒有原因的。自九零年代起，電腦和所謂「不斷進步的科技」(4)快速崛起，無可諱言的定義並驅動人類歷史快速演化。同時，科技的進步讓我們得以比以前更快、更容易、更便宜、更細微地面對挑戰、創新、創造新的個人化解決方法。這將如何影響親職工作呢？哈佛媒體研究者兼小兒科醫師麥克．里其（Michael Rich）說得好，他說，科技就像孩子呼吸的空氣。是的，空氣和科技都有可能被汙染，但現實已是如此，孩子若要成功，將不僅需要學會有智慧地運用科技，而且需要發展科技世界最重視的技巧。(5)

當我們思考，身為家長，養育孩子，希望孩子在這個「勇敢新世界」獲得成功，我們的目標是什麼呢？我們的道路變得既清晰又有些令人卻步：我們需要超越智商，專注於培養一套新的技巧，包括有能力適應改變。

智商之外

二十世紀的農場變成了工廠、企業和辦公室，「知識工作者」的角色浮現了。智力成為職場極受重視的品質，因此智商也成為評量的工具。然而，我們現在發現，雖然「會念書」仍然很重要，卻已經不夠了。智商已經不是可以有效預測未來成功的唯一度量。《哈佛商業評論》裡寫到：「在維基百科（Wikipedia）的時代，你能記住多少真的有差嗎？更重要的是你是否能夠看到別人的角度。因此，同理心才是現在的重點：是我們溝通、合作與領導所必須具備的重要特質。」(6)

況且，我們面對的挑戰日益複雜，且有全球化的特質，已經不是任何人能夠單獨解決的了。結果就是連結和協調的能力，以及與跨領域、跨文化、跨洲的人合作的能力更為重要。不過，大家要注意到，我們雖然強調這些社會和關係技巧，卻並不排斥智商。這些非認知能力也稱為「軟技能」（soft skills），是除了傳統定義的智力之外，現在也咸認不可或缺的。

雖然這似乎和我們的直覺相距甚遠，但是科技對於職場日益重視同理心不無關係。雖然有很多「聰明」的科技協助我們處理事實、數字、計算與認知技能，一旦遇到「人」的議題時，大多數時候我們還是得自己看著辦，「人味」也是這些更強調社交與情緒的技能之重點。事實上，今天成長最快的職業大多都是「同時」需要認知能力與軟技能的工作。越來越多的工作被自動化了，機器做許多工作可以比人類更便宜、更快，還做得更好。專家認為，在可見的未來裡，這些需要「其他」技巧——以及擁有這些技巧者——的工作，不會被機器取代。[7]

計畫適應

上個世紀，改變是線性的、可以預測的，每個新的發展都建立在前面的發展上。在事業上，人們擬定十年計畫：就像手扶梯，緩慢上升，人們可以看到未來十年想要達到的目標[8]。但是今天的改變太快了，想要知道自己的具體目標，就像試圖射飛靶似的——無論這個飛靶是事業還是親職。讓大家感覺一下改變有多麼快速：專家估計，65%的兒童未來會從事的工作，是現在根本還不存在的(9)。雖然我們無法知道他們會從事什麼工作、行業或職業，更不知道他們會需要什麼技術與工具，但我們可以知道的是，他們會需要保持機靈，也需要好奇心、創造力、批判性思考、執行功能（executive function），才能無縫接軌、適應未來。

適應力意味著能夠將大量資訊置入脈絡，以便理解。這個技巧的必要性也代表了從上一個世紀以來的另一個鉅變。上一世紀時，我們特別擅長對一切種種加以萃取、濃縮、離析、孤立，使之成為最小形式，從我們的專業到藥劑製造無不如此。但是在資訊時代，已經不再是關於單單定義細節了，而是關於知道如何整合細節以求理解。例如，上個世紀，我們專注在一個一個鹼基對（base pair）的排序人類基因體；今天，新的、極重要的表關遺傳學（epigenetics）則是將基因放回環境的脈絡中研究。看到更宏觀的角度也證明是創新產品、想法與解決方法——本世紀的某些重要議題——的關鍵。

也就是說，普利茲獎（Pulitzer Prize）得獎作家及記者湯馬斯．佛里曼（Thomas Friedman）很清楚地總結說：「過去十年裡，世界結構有了重大改變……結合了……連結和創意創造出了全球性的教育、商業、溝通和創新平台，更多人可以和數量超乎以往的其他人在上面啟動、合作、學習、創造東西……。」

新的指導原則

我們希望我們今日的所作所為，能與孩子的未來有著更好的連結，身為領導者和領導參與總長，我們需要轉變親職觀點，與一直在變動的世界接軌。根據創立生物社會發展理論的俄國心理學者萊夫·威戈司基（Lev Vygotsky）非常簡單的觀察，我們必須朝向孩子的未來，而不是孩子的過去來教育孩子。

以下借用二十一世紀企業和創新業界的十項指導原則，可以讓我們規劃出自己的親職途徑：

1. 把人和意義放在第一。企業開始明白，不要將重點放在「如何」（how）和「什麼」（what），而要放在「為何」（why），否則就會落後[11][12]。德勤全球（Deloitte Global）調查結果發現，千禧世代（Millennials）對於企業如何培養員工，以及如何貢獻社會，和對產品及收益同樣感到有興趣[13]。這項調查正好呼應了人們在意的優先順序已改變的事實。

2. **要參與，不要寵溺**。談到員工福利或企業利潤，職場縱容都比不上讓員工有參與感來得有益。根據蓋洛普的職場管理與福利首席科學家指出，參與能讓人感覺身為某種重要任務的一分子，而這會為團隊和機構帶來正向影響。(14)

3. **把合作當成新的競爭**(15)。在日益複雜、互相連結的世界裡，領袖、機構和企業都明白，在共享經濟（share economy）中，個人再怎麼努力也敵不上合作和集體影響力。

4. **了解職場遊戲的價值**。雖然大家一向都知道，三歲孩童的「工作」就是遊戲，過去我們也認為人一旦長大了就應該不再玩耍，學著「更認真地」看待工作。然而，現代人認為職場變得很像幼兒園(16)，因為將社交技巧、遊戲和開放式玩耍應用在日常工作中，可以增益創造思考、提高員工士氣以及職場產能。

5. **擁抱非線性思考**。現在極為重視有創意和創新的想法，線性思考和遵循狹窄直接的道路已經行不通了。大家現在要在線外面著色，運用非線性（多元）的思考。

6. **倚賴指南針，不要倚賴地圖**(17)。這個世界充滿無法預測性，同時變幻莫測，適應力與規劃自己的路線，遠比倚賴不變的地圖有價值。

7. **問題比答案重要**。整個世界的資訊都在我們指尖，只是知道正確答案已經不算什麼了，能夠提出正確的問題才厲害。

8. **獲得宏觀的角度**。專注在某件事情上能夠讓我們獲得新發現、數據與細節。根本目標在於擁有整合這些資訊，並將其放進更大脈絡中的能力。

9. **學會讀人**。我們進入了「同理心的黃金時代」——管理情緒、維持關係和讀人的能力（統稱為EQ）已經超越了智商（IQ）和傳統的「會讀書」。

10. **願意犯錯**。「創新」最重要的真理就是：不願意失敗，就無法創新。這個觀念改變了保守行事、以做得正確為目標的思維，朝向有智慧的冒險和學習失敗前進。(18)

第三章 為什麼要早？

嬰幼兒腦部科學以及早期開始的重要性

在生命的頭一千天裡，發揮潛能的舞台已然建立。

——羅傑．瑟羅（Roger Thurow），《頭一千天：對母子都非常重要的時刻—對世界亦然》（*The First 1000 Days: A Crucial Time for Mothers and Children——and the World*）

如果我們改變故事的起頭，就改變了整個故事。

——迪米屈．克里斯塔基斯（Dimitri Christakis），二〇一一年，TEDxRainier 的演講〈媒體與兒童〉（Media and Children）

二〇〇一年三月，美國國會討論了美國經濟狀況。一位資深政治家的演講開始了一段不尋常的討論。他的開場白是：「總統先生，我昨天看到一本我很喜歡的書……大部分美國人都讀過或看到過這本書……我開始思考，我們的國家在經濟上都在做些什麼[1]。」他認為大部分的人都看過或讀過這本書，並非誇張。事實上，這本書長期雄踞《紐約時報》暢銷書排行榜第一名。但是他在國會提到這本書，確實有一點不尋常，因為書名是《生命中不可錯過的智慧》（*All I Really Need to Know I Learned in Kindergarten*，正體中文版由橄欖出版社出版。譯註：原文書名是「我真正需要知道的一切，在幼兒園就學到了」）。

作者羅勃·傅剛（Robert Fulghum）在書中提供了一份典型美國幼兒園會教的事務清單。他認為，如果成人都能夠遵守五歲孩子的基本行為守則，世界將會更好[2]。這張清單上包括了一些很務實的建議，例如每天睡午覺、記得沖馬桶，也包括更中肯的技能，例如與人分享、公平競爭、不碰別人的東西、記得欣賞四周的一切。國會議員在演講中不時提及書中內容，強調傅剛的論點，對國會同事指出：「我們忘記最基本的事情了——像是幼兒園的教導……這麼快就忘了。」議員的主題是他稱之為美國有史以來最大的經濟虧損。演講即將結束時，他說：「要改變這一切，不需要火箭科學。我們真正需要知道的，在幼兒園就學到了。」

這些洞見在今日也適用，但有兩項重要修正。首先，二十一世紀所需要的技能與幼兒基礎教育的連結雖然不是火箭科學，卻是腦部科學。第二，如果我們把幼兒園教育當作鼓勵發展這些技能的起點，那麼，我們開始得還不夠早。孩子需要知道的重要基礎技能，早在進幼兒園「之前」就應該開始了，從出生到五歲是黃金時期。

關於孩子最早的能力，我們現在所知的一切值得我們注意並感到驚訝。孩子從出生即是世界公民，有潛力用任何語言溝通；出生沒幾天、幾週和幾個月，就能夠察覺並解讀別人的情緒；在他們的身體能夠積極參與行動的幾個月之前，甚至幾年之前，就有能力在腦子裡模仿成人行為。**嬰幼兒在人生的頭五年裡，將體驗到無與倫比的成長與機會**。我們即將討論的這些驚人發展全都不會憑空發生。研究清楚顯示：**在這個階段，家長做了什麼、如何和孩子互動，將大幅協助（或妨礙）他們的發育**。

早起的鳥兒有蟲吃

開始留意孩子的發育、協助孩子發育，永遠不嫌晚。過去二十年來，我的專業就是關注兒童，而且關注的階段越來越早，顯然反映了這個信念。我越來越相信，我——以及所有慈愛的家長們——對孩子的未來最在意的許多價值，都在嬰幼兒時期生根。

神經科學也認為，嬰幼兒腦部最適合學習重要生命技能。即使在我開始鑽研神經科學之前，光是面對了養育幼兒的實務挑戰，我就相信應該及早開始。例如習慣吧，一旦養成習慣，就難以改變，所以家長越早鼓勵並養成健康的習慣越合理，更不用說也最有效。培養良好習慣的同時，在不良習慣養成之前及早預防。在我的小兒科門診和幼兒園中心裡，我都在協助成百上千的家長對付日常親職挑戰——從如廁訓練、餵食、刷牙到睡眠——找出問題的根源，並從根源解決。例如，如果幼兒會緊閉嘴巴，拒絕別人幫他刷牙，為什麼不在一歲的時候就給他一根牙刷呢？一歲的孩子最喜歡把東西放進嘴巴裡了不是嗎？如果幼兒害怕沖水的聲音，不肯用馬桶，為什麼不積極主動的允許他們在更小的時候陪父母進廁所，習慣沖水呢？在他們喜歡跟前跟後，還不懂得害怕之前，就讓他們習慣。

除了養成習慣之外，還有兩個嬰幼兒發展的研究主題會讓你更加相信，真的越早越好，同時你將在孩子生命的頭幾週、頭幾個月和頭幾年裡，就熱切地把親職目標放在建立孩子的技能上。第一個研究主題就是越來越多長期研究顯示，由孩子早期的社會情緒和其他關鍵技能，可以預測孩子未來成功與否。有許多腦部研究的科學證據告訴我們——並讓我們看到——幼兒腦部發育，包括重要連結與技能何時出現，如何發展出來。今天，表現最好的公司已經發現，必須讓員工從一開始上工就有參與感。同樣的，從事兒童教育的人，就是要讓孩子將來能夠成為積極參與、有建設性的成人。**我們擁有一生一次的難得機會，經由愛、關懷和滋養的互動，從出生第一天就開始形塑孩子的腦部，讓他們以後能夠成功。**

為什麼要「這麼」早？

無論是個人或專業生活上，我都花了非常長的時間致力於親職工作。我學會了謹慎小心，不只是好好想一想我想說什麼，同時也會好好想一想是否會被誤解。以這個角度來看，當我建議所有家長都應該運用策略計畫，為了協助幼兒贏在起跑點而設計腦部建構技巧，的確比什麼都容易引起誤解或排斥。我知道，「策略性的面對嬰幼兒」聽起來也許很冷酷、嚴厲、資本主義，甚至侮蔑，會讓某些讀者感到不安。畢竟在我們的文化裡，嬰幼兒時期往往被視為神聖不可侵犯，嬰幼兒應當受到寵愛、被擁抱、無憂無慮。我完全同意。我自己對這些議題也很敏感。在我提供洞見和工具，開始引導你如何開發孩子的潛力之前，我想，值得花一些時間指出，「盡早開始」並不代表什麼。

這本書不是要創造天才嬰兒——至少不是傳統學術上所謂的天才[3]。本書也不是要訓練嬰兒在一歲前學會閱讀。市面上有人提出這個觀念，但是已經有人推翻這種做法了[4][5]。這本書絕對不是要逼嬰幼兒更快、更早或在適合的發育時機之前，達到嬰幼兒時期的里程碑。至少就我所知，在大學入學和謀職的申請表上，沒有人會問你何時學會如廁的。我也沒看過任何研究顯示，提早學會如廁和未來的成功有任何正向的預知價值。這和我們要談的技能不同——我們談的技能是經過培育，自然而然地養成，而且家長在頭五年的關鍵期有機會協助建構和加強這些技能。你將會看到，對於孩子的未來生活，這些可貴的社會情緒和執行功能技能，比早早脫離尿布來得更有長期影響。[6]

最後，本書不是在提倡家長衝鋒陷陣；不是在鼓吹虎媽或虎爸的做法；不是要在親職自責的單子上再加一項；不是建議直升機父母針對孩子生命中的諸多議題採取行動。

本書確實是一本策略性、有目標的親職「指導書籍」，裡面有支持我們的長期研究結果和腦部研究，以及技能建構建議。本書是要強調並「保護」我們認為童年中無比神聖的部分。我們一直都相信寶寶應該被溫柔地擁抱和說話，也一直在這麼做。在此我們要讓大家具體看到支持、強化、肯定這個理念的科學和腦部基礎。在養育孩子的過程中，沒有人比你更重要了！

我希望這本書帶給你和所有家長最重要的影響，就是讓各位真正理解，你和孩子分享的樂趣、參與和教養的活動對他們的未來有多麼重要。當你扮演這個重要角色時，除了當一位關愛、回應孩子需求的成人之外，還是孩子腦部的構建者。從一開始你就要明白，你的任務不是侵入或汙染嬰幼兒時期，而是要利用孩子的潛能與身為家長的機會，協助組裝孩子今天可以掌握的技能，以備未來的需要——包括學校、職場與人生。你不用犧牲孩子嬰幼兒時期的寶貴時間來這麼做，你只是更能夠欣賞這些技能了。

幼兒期發生了什麼？

長久以來，大家就認為孩子頭幾年在學校學習閱讀，之後的一輩子則靠著閱讀學習。這句簡單卻深刻的說法解釋了為什麼三年級閱讀成績可以有效預測各種重要人生後果。三年級結束時，是否具備良好閱讀能力可以預測將來是否會高中畢業，以及未來經濟是否成功，也能預測國家的全球競爭力與國家安全。(7)

了解這一點之後，你會想知道什麼可以預測三年級閱讀成績嗎？十八個月幼兒的語彙量。幾年前，我在一個「企業」研討會上首度聽到這個觀察，那是ReadyNation（編按：美國一教育組織）在波士頓舉行的二〇一一年嬰幼兒時期全國企業領袖高峰會（National Business Leader Summit on Early Childhood），當時我完全呆掉了。畢竟，我們不會期待十八個月大的幼兒把三四個單字串起來成為句子，也不會期待他學會家人的名字，或是身體各部位的名稱——一般而言，這些語言發展里程碑要到了兩歲才會發生。(8)

想一想這意味著什麼！如果我們用三年級閱讀能力預測未來的成功，而現在的研究者已經在檢視幼兒語彙，作為預測三年級閱讀能力的指標，可見早期語言發展有多麼重要。要記得，我們說的語言發展是發生在孩子尚未學會走路的時候，更別提進入幼兒園了！光是這一點，就足以說服我們，為什麼不能等到孩子進了幼兒園，或是滿兩歲的時候，才開始為他們的早期語言發展以及他們的未來奠立扎實的基礎。

還有呢。新的證據來自將近九千名美國幼兒的研究。賓州州立大學（Penn State）、加州大學爾灣分校（University of California, Irvine）和哥倫比亞大學（Columbia University）的研究者發現，進入幼兒園大班的幼兒如果兩歲時有大量語彙，比起當時語彙有限的同儕，不但在學習上表現更優良，也更能控制自己的行為(9)。我們越來越清楚，早一點發展語言能力及其他重要生活技能是很重要的。其中，社會情緒技能更是二十一世紀成功幸福的基礎。

從我自己身為家長的經驗，我發現提早開始的最驚人（也容易複製的）範例，就是我先生和我從孩子一出生就開始唸故事給孩子聽。我們沒有正式的書單，也沒有偉大的長期閱讀計畫。我們就像任何新手父母一樣，缺乏時間和睡眠——以我們的例子而言，挑戰更為艱鉅，因為我們都正在完成醫科訓練，需要在醫院待很久，卻在三年半之間生了三個孩子，成為快樂而疲憊的父母。我們每天埋在衣物、哭泣、安全椅、尿布裡，卻仍然堅持找出時間，坐下來唸故事給孩子聽。唸故事成為非常享受、可以做得到、值得做的日常活動，也是我們能夠實際追求的。

一開始，我們唸精裝的寶寶書，混合著嬰兒的口水。很快地，我們進展到了繪本、分享閱讀（shared reading，編按：透過父母的示範和引導，帶領孩子一起閱讀、互動朗誦、問答、討論的閱讀方式）、章節書（編按：不再像繪本以圖畫為主，開始進展到文字為主，搭配插圖，並分為若干章節來閱讀，適用於兒童由繪本過渡到文字書的階段）。也因此每個孩子上幼兒園的時候，都可以連聽好幾個小時的故事仍樂此不疲。我現在懂得了這一切，並努力想與你們分享，我知道那些年的閱讀時光並不只是愉快回憶而已，我相信閱讀對我的三個孩子有深刻的影響。

一旦他們上了小學，我很快的了解到，他們很早就發展出令人驚訝的專注力，能夠注意到細節以及脈絡，讓他們比同儕學得更多、更快，也更富有細節。我記得小兒子還不到三歲的時候，我們唸了《狼王的女兒》（*Julie of the Wolves*，正體中文版曾由漢聲出版社出版，現已絕版）系列書籍，播下了他日後熱愛自然和動物的種子，尤其喜愛狼。我的大兒子很早就能掌握英文這門語言，並且熱愛閱讀，使得他一路順遂直到高中和大學。不過他後來則改念數學和科學。

事後回想，遠在孩子能夠閱讀第一個字或是自己綁鞋帶之前，我們一同翻閱過的每一頁、度過的每一個小時、每一個睡前故事不只是許多美好的回憶，而是不斷強化並建構了極為關鍵的連結。

早期語言發展的重要性

在我們的社會裡，溝通能力是掌握各種終身技能的基礎。語言被卓越的兒童發展專家，包括萊夫．威戈司基（Lev Vygotsky），視為「工具中的工具」。早期語言發展是幼兒最基礎的重要技能之一。

學會好好地玩

培養早期技能對於改善孩子人生有多大的潛在影響呢？請看一看二〇一五年，《美國公共衛生期刊》（*Americas Journal of Public Health*）發表的一篇文獻吧。這項研究的視野超越了詞彙、自我控制與聰明才智，切中核心指出每一位家長都希望孩子擁有，每一位雇主也都希望員工擁有的能力：能夠跟別人一起好好玩[10]。這項具有代表性的社會能力研究從九零年代早期即已開始。全美國的幼兒園大班老師對超過七百五十名學生的「利社會行為」做了評估，包括分享、合作、傾聽、協助別人。

接下來的二十年裡，研究者追蹤這些孩子，發現五歲時社會技能越高的人，成年後的成就越高，包括教育、工作、是否嗑藥，以及精神健康。五歲時社會技能較高的孩子比較可能從高中畢業、在早成年期得到大學學位，到了二十五歲擁有全職工作。社會技能低的孩子則比較容易被逮捕、使用大麻、住國民住宅。

棉花糖實驗

五歲前發展出來的優良社會技能不是唯一的預測標竿，棉花糖（譯註：此指軟綿綿的小顆粒狀棉花糖，非由糖絲纏繞、拿在手上吃的大團棉花糖）也是。身為小兒科醫師，我以保護兒童安全為第一要務。我必須說，一談到棉花糖和兒童，我以前的第一個反應就是警告大家，棉花糖可能會害小孩噎住。因為我堅決提倡健康的飲食習慣，所以我第二個想到的就是棉花糖含糖量太高。今天呢，我發現自己在為別的原因討論棉花糖了。

除了容易噎住，以及在棉花糖夾心餅乾裡扮演了很大的角色之外，棉花糖和幼兒時期有什麼關係呢？答案可以追溯到兩個妥善運用棉花糖的實驗上，協助我們更理解在嬰幼兒早期發展二十一世紀技能的意義。

我們會在第四章更詳細的討論第一個實驗。這是史丹佛大學（Stanford University）所做的指標性研究[11]，發現幼兒是否可以抗拒棉花糖的誘惑，將可以告訴我們他未來的能力、成就和各項結果，包括大學入學考（SAT）的成績和身體質量指數（BMI）。

第九章將詳細討論另一項實驗。設計者使用棉花糖挑戰受試者，發現幼兒比受過高等訓練的企業成人更能夠合作、互動、創新和展現創意。(12)

在這兩項實驗中，幼兒展現的技能正是成人世界所看重的二十一世紀技能。棉花糖不但讓我們注意到延遲享受、適應力、堅持力的預測價值，同時，企業棉花糖挑戰（Corporate Marshmallow Challenge）也提醒我們，即便是受過高等教育的成人，也可以從幼兒對世界的疑問、探索和創意思考能力上面學習。這兩個棉花糖「實驗」讓我們看到幼兒時期的重要特質，提供的資訊比孩子的智商更為攸關、更能預測他未來是否成功。

從幼兒語彙量、棉花糖自制力到五歲擁有的社會技能，每一項研究，以及更多的研究都確切告訴我們，提早教育確實會造成差異。我們開始明白社會情緒、「非認知技能」，以及其他生活技能的重要性。我們也需要明白，嬰幼兒時期發生的事情並不僅「止於」嬰幼兒時期。

早期出現和發展出這些技能，會在決定孩子未來健康、教育、專業和人生軌道上扮演很重要的角色。換言之，這些技能將決定孩子未來的幸福，以及我們最終的親職目標。

從社會技能到幼兒腦部：創造連結

當我們開始思考如何提早培育孩子的技能時，我們就不能只是靠著外在的、顯而易見的方式去觀察這些技能如何顯露。從說話、閱讀、理解到跟別人好好的玩在一起，過去十年的嬰幼兒腦部研究發現了許多驚人的結果。我們擁有新的科技與新的洞見，不僅能夠看到發育中的腦部有些什麼重要特質，同時也能夠決定身為家長的我們可以做些什麼——甚至到了連結神經的層次——協助他們發展這些技能。

理解幼兒腦部的最佳方式，就是將之視為正在發展中的偉大作品。當然，小寶寶一出生就擁有他們終生需要的所有腦細胞，但是就像兒童一樣，當涉及與人溝通、與人合作等重要技能時，這些腦細胞還有很多發展空間。腦部發育的頭幾年之所以會如此精彩，是因為大約千億個神經細胞——這個數字相當於銀河裡的行星數量[13]——很快的開始彼此產生連結，速度快到令人無法置信：**每一秒鐘就有七百個新的神經連結（神經突觸）產生。結果就是：85%的腦部成長都在出生後的頭三年完成。**

首先面對挑戰的就是視覺和聽覺的基本腦部迴路，從一出生就開始發育了。緊接著是語言發展的基礎神經網路開始發生，大約在頭一年裡建構起來。負責「更高」認知功能——思考、邏輯和溝通——的神經元則在五歲左右建構完成，這正是建構二十一世紀所需技能的基礎。在嬰幼兒時期，腦部快速發育，是學習和發育特別敏感的時期，現在被認為是形塑幼兒腦部的關鍵時期。(14)

在這個重視連結的世界裡，我們必須了解，並非「連結最多的人就會贏」。幼兒發育中的腦部更像是「不用則廢」的機器，從第一天開始就準備好強化不斷被妥善運用的神經連結，反之則刪除。這些早期連結的「力量」才是至關重要的。

是什麼在強化這些連結呢？答案非常簡單：就是**我們**。我們與孩子分享的早期日常經驗，就是有效建構並加強孩子的神經網路與腦部，以及日後成功所需的技能之必要關鍵。我們一旦理解，我們可以如何影響早期、充滿動力、建構腦部的過程，將完全改變我們的親職思考。同時提供了一個可行的計畫，來達成協助孩子獲得成功的親職目標。

驚人的寶寶腦部：裡面在發生些什麼？

當我們討論為什麼現在就要開始努力時，現代生活裡的一切科技都已經進步了，包括腦部顯影。我們不用耐著性子等到孩子開始牙牙學語、蹣跚學步、走路或說話才開始看到他的腦子有些什麼外顯的變化。改良的掃描科技可以測量腦部的血液流動、光線吸收、氧氣消耗、電流活動，讓我們看到小寶寶腦部的變化。這在以前是無法想像的。(15)

最新、最迷人的現代進展之一，就是用**腦磁圖**（MEG, magnetoencephalography）這種尖端技術做嬰兒腦部顯影。全美國只有少數幾台腦磁圖儀，在我寫這本書的此時，只有位於西雅圖的華盛頓大學（University of Washington）學習與腦科學學院（Institute for Learning and Brain Sciences, I-LABS）的那一台腦磁圖儀是專為測量嬰兒腦部而設定的。

這台儀器可以套在嬰兒頭上，學院院長形容就像太空時代的烘髮機。這台儀器很安靜，也無須侵入，可以偵察到腦部活動時電流自然產生的磁場，讓科學家首度可以同步看到，當小寶寶想著心事、和父母互動或做出回應時，發生在小寶寶腦子裡幾十億個神經細胞和幾兆個神經連結的活動。你可以想像，結果非常有意思也提供很多訊息，讓我們用新的眼光看待一切，從語言發展、問題解決的能力，到社會和情緒的理解能力。

社會網路的力量

腦磁圖以及其他嬰兒腦部研究的新科技，首度提供了以腦為基礎的具體數據，支持了「**我們和嬰幼兒的日常社會互動，是孩子學習與腦部發育的關鍵**」這個事實。當你一面換尿布，一面和寶寶說話，或是一面玩遊戲，一面唱歌，或是他一哭就溫柔回應，或是帶他到戶外走走，指出看到什麼東西的時候，你做的事情比單單執行日常親職任務還多得多了。你其實是在打開開關，為孩子的學習加溫，用社會互動的力量創造強有力、有價值的神經連結。

很多研究者都在測試這個觀點。舉個例子來說，學習與腦科學學院院長之一，世界知名的嬰兒腦部和語言研究者派翠西亞．克爾博士（Dr. Patricia Kuhl）做了一個指標性研究，讓一群九個月到十個月大的嬰兒首次接觸中文(16)。其中一些孩子和一位中文母語人士一起坐在房間裡，這個人一面說中文，一面玩玩具，或是唸書給孩子聽。另外一群孩子看影片（而不是與真人互動），影片中的人一樣說著中文玩玩具和說故事。第三組的孩子對於同樣的活動只聽錄音帶，完全沒有影像或社會互動。

大約進行了一個月，這些嬰兒接受了十二次、每次二十五分鐘的活動。結果相當驚人。在分辨中文特有的語音上，看影片或聽錄音的嬰兒沒有任何進展，和真人有「社會」互動的嬰兒則出現進展。事實上，即便他們總共只接觸外語不到五小時，卻顯示出驚人的學習。他們的表現不但比其他嬰兒好得多，甚至和一出生就聽中文母語的台灣嬰兒相比也毫不遜色。

在嬰兒牙牙學語的神經科學研究上，這是最好的例子了。克爾的研究無疑顯示社會互動是語言學習中的重要部分。這個研究，以及其他關於嬰兒腦部如何啟動、與成人互動時如何做出回應的研究，讓克爾博士提出了一個對我們非常重要的理論：**嬰兒腦部是靠社會互動而成長**(17)。這個理論顯示，**我們和孩子的社會互動，是開啟孩子無與倫比的早期學習潛力，包括啟動、連結、調整其腦部神經網路的關鍵。**

調查幼兒的腦

研究者克爾博士在她的TEDx 演講〈嬰兒的語言天分〉（The Linguistic Genius of Babies）裡說：「關於兒童腦部發育的知識，我們正進入了一個偉大的黃金時代。當孩子感受到某種情緒、學習說話或閱讀、解數學題、萌生一個想法……時，我們將能看到兒童的腦部。研究兒童腦部時，我們將能發現身而為人的深刻真相。在這個過程中，我們可能對終身學習保持開放的胸襟。」

發球回球的遊戲

實際上，這即表示在孩子最年幼的時期，你和孩子所有的日常來回互動可以協助建構他們的腦部結構。哈佛大學兒童發展中心（Center on the Developing Child）的研究者用網球術語「發球回球」來描述成功建構腦部的祕訣[18]。為了了解這種類似網球截擊的發球回球互動是怎麼一回事，請你想像一個小嬰兒。他自發性地微笑了，於是你也對他微笑。他很注意你的反應，他和他正在發育中的神經連結將你的微笑視為正向回應，很快的，你就會看到兩三個月大的嬰兒發育中最讓人期待的里程碑：社會性的微笑。

現在想像一下發出聲音逗弄嬰兒這件事。他發出聲音，你也發出聲音，這個看起來十分簡單的發球回球互動，以及日常其他諸多互動，其實就是在為未來發展語言和溝通立下社會與神經網路基礎。

早期的執行功能

關於早期兒童技能建構的策略，我們必須先談一談前額葉皮質（prefrontal cortex）這個腦部區域。前額葉皮質位於腦的前部，佔據腦部三分之一，更重要的是，前額葉皮質負責一組核心能力：「執行功能」（executive function）[19]。雖然「執行」一詞讓人立刻聯想到智力、組織力、執行力以及專注力，但是今天的執行者也必須擁有社會和情緒的能力。我們必須指出，執行功能也讓我們的腦部能夠整合心智思考和感覺及情緒。

技術上而言，執行功能由以下三項核心能力來界定：

1. **抑制（或衝動）控制**（inhibitory/impulse control）：控制衝動的能力。這個能力讓我們先思後行、抗拒誘惑（還要抗拒讓人分心的事物及習慣）、決定行動的先後順序，而不是一味的衝動行事。這個能力讓我們「忍住不說出口」、控制情緒、等待、需要專心時不做白日夢。

2. 工作記憶（working memory）：把許多不同資訊儲存起來並得以取用的能力。想要完成任何任務，顯然都需要工作記憶。它被形容是一個心智平台，我們將重要資訊放入其上，以便日常生活中隨時可以取用。[20]

3. 認知或心智彈性（cognitive or mental flexibility）：面對新的資訊、狀況、觀點或輕重緩急時，能夠很快地變換注意力、換個想法。認知彈性也讓我們能跳脫思考框架——讓我們能對不同的狀況運用不同的規則，想法不至過於僵硬，不執著於一成不變的方法。

該如何看待執行功能，或許最好的描述來自哈佛兒童發育中心：我們腦部的「航空交通管制系統」[21]。中心主任傑克・商考夫（Dr. Jack Shonkoff）解釋說，當我們同時面對許多資訊，必須加以應付、組織、整合、管理時，執行功能讓我們能夠專注、選擇要注意什麼、改變思考的重心。

執行功能和認字一樣重要

有些兒童發展研究者將執行功能（executive function）稱為EF。就入學準備度而言，執行功能已顯示比智商、數學、初階閱讀能力都更為重要。(22)

現在回想一下我們在〈為什麼是現在？〉裡談到的，二十一世紀成功的重要技能。現實社會所需的技能以及腦部相對應的技能之間的連結便忽然很清楚了：當我們說，世界已經從完全靠著智商行事，變成我們需要整合自己的心智能力與社會情緒技能時，我們說的就是「腦部」整合這兩種元素的能力。換言之，我們需要很強的執行功能。當我們談到面對複雜、快速改變的世界，需要什麼樣的變通能力和適應力，我們等於是在談論讓「腦」可以快速而自然地在心智認知之間切換的「認知」彈性，這也是執行功能。當我們談到，我們生活在資訊時代，面對無止盡的細節和令人分心的資訊時，我們需要專注、選擇資訊，還要整合新資訊，置入已知的脈絡時，我們也是在談執行功能。

簡言之，如果你希望培養孩子未來需要的技能，就需要注意執行功能，而且需要及早開始。雖然嬰兒一出生並沒有執行功能，我們現在已經知道，這些技能在出生不久之後就已經開始發展了，並且在幼兒時期會非常快速的成長。當然，這些技能要到二十五歲才會

發展完全，但是在三到五歲之間，我們有非常早的大好機會可使之大幅成長。(23)

正如腦的其他部位，執行功能也是越用越強。那麼，你要如何培育這些功能呢？全國兒童發展科學委員會（National Scientific Council on the Developing Child）說得好：**健康、關愛的關係，加上親身參與、有刺激性的經驗，是兒童成長中的腦部的養分。**(24)

嬰兒的腦部遊戲

考慮到孩子正在發育的腦部，關於社會學習、發球回球的互動、執行功能的概念，代表了也強調了我們在孩子早期學習、技能發展和未來上所扮演的重要角色。證據非常清楚：嬰兒一出生便擁有無比的潛力。他們最早期經驗發生的時間與品質、與最信任的人之間的互動，以及他們體驗世界的環境，都將協助他們建構正在發展中的腦。

即便在現代神經科學出現之前，知名心理學者萊夫．威戈司基就已體認到「我們透過別人，成為自己。」對於親職工作而言，你和孩子一起做的所有說話、輕聲兒語、歌唱、擁抱、唸書、玩耍和探索世界，都將深深影響他們將成為怎樣的人。

驚人科學結論

在我們開始討論本書的重點——也就是所需要的技能和如何建構這些技能——之前，我們應當提醒一下自己：對於什麼才是養育子女的最好方式，我們所做的、感覺的、相信的一切，許多都是世代相傳、朋友鄰居互相分享、以及透過網路這種社交媒體管道所傳播的。雖然這些早期的親職社會支持系統可能扮演重要的角色，但是這些善意的建議到底有多少研究和證據的支持，有時候並不容易分辨。

同時，我們也可以理解（但仍然是誤導），大家會假設兒童早期發展的知識會保持不變。事實上，雖然過去幾十年來，嬰幼兒一般發育的里程碑已被解釋得很清楚——小兒科醫師、美國疾病管制與預防中心（Centers for Disease Control and Prevention, CDC）[25]以及許多其他人都已闡明——但現在關於兒童最早期的社會、情緒和認知發展，有越來越多驚人的科學新發現，這些也不容忽略。你越了解嬰兒腦部成長的動態過程，以及如何運用這些早期機會，就越能量身訂做自己的做法，促成神經連結，達到你對孩子潛力發展的期望。

雖然，典型的現代小兒科和兒童發展教科書都有這些內容，但是以下我想就這項新科學為各位做一個概述，讓你放在心裡，繼續看完本書。我希望各位在開始養育子女成為快樂、健康、創造力十足的成人時，能把這些重點當作你的親職北極星。

以下是幾個關於出生到五歲幼兒的有趣事實：

1. **世界公民：**在全球互聯的現代世界裡，顯然希望孩子成功比以往更需要讓他們用全球性的角度思考。在既有的親職工作上，再加上這一項要求，似乎標準很高。但是先天上已經給我們以及孩子一個很好的起步了。派翠西亞·克爾及其他研究者的重要研究顯示，嬰兒一出生就可以認出世界上「所有」語言的聲音。這個能力為他們贏得真正的「世界公民」美譽。但是如果沒有進一步培育，這個能力將在第一年內逐漸消失。[26]

2. **社會學習者：**雖然我們希望相信孩子就像海綿一樣，能夠吸收周遭世界的一切，但是研究顯示並非如此。南加大（University of Southern California）神經科學家派特·里維特（Pat Levitt）便持反對意見[27]。里維特指出，海綿會吸收環境中的一切，嬰兒並不會……除非，遇到適當的條件。需要什麼條件呢？研究顯示需要社會、人際的互動與連結。

3. 遵守參與原則：這個時代裡，從教育家到老板，大家都了解參與的重要性，也都知道參與感將影響到學習和生產力。同時，兒童發育科學也強烈顯示，即使是很小的孩子也遵守非常相似的參與原則。其中一例是，如果有人（親自在場或是螢幕上的一個角色也行）和幼兒一起玩、對他們說話、說出孩子的名字、問孩子直接的問題，孩子的學習較佳。(28)(29)

4. 情緒偵測者：「情緒智力」（emotional intelligence）一詞出現後，成為美國企業界最熱門的詞彙。情緒智力被認為是早期學習和終身學習的基礎(30)。與此同時，許多同理心研究顯示，非常小的孩子，甚至是不到一歲的孩子，在同理心出現的幾個月前（甚至幾年前）就已經擅長偵測四周人們的情緒，並做出反應。

5. 臉部追蹤者：我們已經知道，許多二十一世紀重要資訊都可以從人們的臉部獲得，包括情緒、想法和意圖。再加上研究顯示，嬰兒（甚至新生兒）喜歡注視臉部（包括臉部的圖像或真的人臉），這一點就特別驚人了。在一歲前，追蹤臉部的技能會大幅進步。(31)

6.早熟的解碼專家：從六個月大的咿咿呀呀到三歲的完整句子，嬰幼兒用快速、可預期的、看似簡單的方式掌握語言能力。雖然，普世人類嬰兒的「語言解碼」能力[32]常被認為很簡單自然，但是可別弄錯了：這裡其實牽涉到了不得的認知和解碼能力，規模龐大，是連成人、電腦或人工智慧都還無法做到的。

7.重複表現者：家長可能已經厭倦重複了，偶爾會質疑一再朗讀同一本書到底有多少幫助。但說到幼兒的學習能力，重複的益處是可以預見的[33][34]。值得注意的是，重複效應可以協助兒童從影片中學習內容。研究顯示，幼兒看影片中的成人重複完成某個任務，和從真人面對面示範一次同樣任務，學習效果相同[35]。是的，真人的社會互動確實很有效，但是無論是何種形式的重複，也都是有益的。

8.音樂大師：好啦，「大師」可能是言過其實了，但是研究顯示，音樂可能增加更廣泛的認知技能，加強兒童偵測、期待周遭世界模式的能力，以及對其做出快速反應的能力。這應該是好消息吧。一項全新的實驗中，先讓嬰兒聽某種音樂節奏，他們之後會較容易在新的音樂中偵測到相同節奏（這結果很正常），而且還能偵測到口語中的相同節奏[36]！最先進的神經影像讓我們看到更多音樂對嬰兒腦部的可能影響，發現聽覺皮質不是腦部唯一積極參與的部位，前額葉皮質也被激發了——這個部位正是負責控制注意力和偵測模式的執行功能。

9. 高超的統計家(37)**：**在今日數據決定一切、充滿科技的世界裡，尋找資訊並加以分類的能力、根據現實世界裡的數據做出預測的能力，似乎保證你可以在矽谷找到一份好工作。在嬰兒腦部發育的世界裡，同樣的能力也可以精確描述八個月的嬰兒如何學習新的字彙(38)、十四個月的嬰兒如何分類物品(39)、兩歲半的幼兒如何預測因果關係。雖然這些研究現場經常充滿著多采多姿的可愛玩意兒，像是使用盒子裡的彩球、創造的新字、稀奇古怪的玩具機器，但是幕後卻顯示出，幼兒所使用的統計能力其實非常複雜。

10. 天生的創新者：我們越來越了解幼兒腦部，發現幼兒雖然缺乏我們珍視的某些「成人」能力，例如長期計畫的能力和其他仰賴執行功能（這需要時間培育）的技能，但是他們擁有與生俱來的想像力和創造力，也往往不厭其煩、勇於創新。身為家長的挑戰就是協助孩子培育前者，但是不犧牲後者。

開始認真工作

一旦了解幼年時期是這一生中，腦部最有彈性、成長最快的時期，各位創新的家長便擁有科學證據，知道自己有機會成為嬰兒腦部發展的主要設計師，並且決心強化神經連結，協助孩子邁向成功的人生大道。

當你知道你為孩子所做的一切，和你協助建構的神經連結之間的關係，你的親職角色將會有前所未有的重大意義。你是孩子最重要的角色模範、第一位教師、最重要的領導者以及領導參與總長，如果你認為這些還不夠重要的話，現在可以再加上腦部建構大師的身分了。

現在，讓我們開始腦部遊戲吧！

願原力與你同在！

第二部

第二部　氣的技能

我們已經花了一些時間了解世界的走向，也了解了最新的嬰幼兒腦部科學，決心策略式思考自己的親職角色。我希望你已經明白，你正擁有令人興奮的機會，來建構寶寶的腦部，培育寶寶終身受用的基本技能。畢竟，支持寶寶早期發育的驚人科學，同時也是讓大家感到有興趣的科學，包括企業領袖、銀行家、提倡快樂幸福的身心靈專家、教育家、主管、美國聯邦儲備銀行（Federal Reserve）、經濟學家，以及其他致力於職場發展的專家都極有興趣。下一步顯然就是捲起袖子，將專注力與努力放在二十一世紀成功所需的技能清單上。

你可能還記得〈為什麼是現在？〉章節中提到過，現在的技能清單已經不像過去了。過去主要重視與學業、認知、事實、智商相關的能力；現在的清單還包括「創造力、好奇心、溝通能力、合作和批判性思考」等特質與能力。除了這五項最重要的特質之外，過去重視的閱讀、書寫、算術三項能力也還要加上「關係」。此外，「同理心」、「適應力」和「失敗的能力」也不容忽視。

這麼多項備受重視的能力的核心則是各種各樣的重要技能，包含情緒商數（EQ）、社會情緒技能、執行功能技能、意志力（韌性）、毅力、非認知技能、軟技能，甚至包含個性、人際技巧或生活技能。這張落落長的清單清楚列出的重要技能，是大家高度重視且經常討論的，並逐漸有越來越多的相關研究。這些技能從生命最早期即已開始發育，但是直到目前，仍然缺乏一個明確的共同名詞來描述它們。

我們都知道這些技能有多重要。我覺得很奇怪，竟然沒有一個合適的名詞。即便它們確實是補充智商的一套技能，但是以「非智商技能」或「其他技能」稱之，並不太合適，因為無法顯示它們的重要性。我也不贊成稱之為「軟技能」或「非認知技能」，因為這兩個稱呼都無法描述出其腦部科學的基礎，也無法顯示它們的重要性。

我認為我們需要找到一個合適的名稱來描述這些重要技能，於是開始尋找一個更好、更精準、更合適的名稱。找了很久之後，一個偶然的機會裡，我看到了一個字，完美的抓住了這些技能的精神。**這個字就是「氣」**（QI）。

我第一次認識「氣」這個字的時候，我承認我必須問別人，這是什麼意思？要如何發音？答案引人深思。這個人問我：「你知道電影《星際大戰》（*Star Wars*）裡面那句話嗎？『**願原力與你同在！**』氣就是那個原力。」在這個世界，第一印象很重要。「氣」基本上代表了一個正向的生命力量，而且大家幾乎都認識這個字，非常受歡迎，似乎很適合我用。即便我所說的「氣」和《星際大戰》裡的原力不完全相同，不過，畢竟我們在說的這些技能，毫無疑問的代表了孩子生命中一種強大的力量。**「氣」這個字的發音和英文的「關鍵」（key）一字很像**，這就更有意義了，即使有人把「氣」和「關鍵」兩個字弄混了，仍然可以表達出這些技能有多麼「關鍵」。

更深入的了解之後，我很快的發現了更多關於氣的資訊。「氣」描述了維持人類生命的能量流。長久以來，在「氣」進入流行文化之前，「氣」都等同於生命力。大家相信氣存在於所有的生命之中，將各個元素連結在一起。這是我們天生具有的「元氣」[1]，同時也是我們可以培育發展和學習的。這和我們即將討論的技能特質不謀而合。雖然，一般而言，「氣」來自中國傳統文化，但是在許多文化中，幾千年來對於正向生命力量也有類似的概念，印度、古希臘、夏威夷、西藏、佛教和希伯來文化都有。如果有人要搜尋對普世生活技能的最佳描述，**「氣」作為「維繫生命的生命過程或能量流動」**[2]之義絕對適用。

值得一提的是，氣（QI）的英文拼寫Q和I在健康照護和其他系統中也是普遍使用的詞彙。QI常常代表品質改善（quality improvement），在這個脈絡中，QI是各種用以分析效能表現的正規方式，也是改善這些表現的系統性努力[3]。雖然在這層意義下，QI有許多模型，包括FADE（專注、分析、發展、執行、評估）、PDSA（計畫、執行、研究、行動）、CQI（持續品質改進）、六標準差（Six Sigma）等等，但它們都有共同的特質：清楚的改善目標，以及為了提升品質所做的支持而持續的努力。QI的這些面向和我們的目標極為吻合。我們的角色就是培育非智商技能，並持續改善孩子的生活品質。

最後，如果氣的意義還不夠好的話，氣（QI）的英文拼法正好是智商（IQ）的相反！二者用的字母相同，卻代表兩組不同而互補的技能。智商（IQ）是更具體、基於事實、學術性的認知能力，像是傳統的閱讀、書寫和算術能力。智商高的人一向被認為很會讀書，在數字、文字和模式上面很有才華，他們很會記憶、分析、考試。但是我們在〈為什麼是現在？〉以及〈為什麼要早？〉中討論過了，光是智商高並不足以在二十一世紀獲得成功。並不是智商不再重要，而是我們所需要的已經不僅只是智商，才能確保孩子有能力與他人產生連結，成功的和複雜的世界互動。

我們找到了一個字，這個字在幾千年來跨文化中代表了正向生命力。這個字的發音和「關鍵」很像，拼法又和智商互補。這個字即使被誤認為「品質改善」，都仍然能夠描述我們在孩子幼年有機會培育與加強的二十一世紀技能。因此，我提議將這些技能稱為「氣的技能」（QI Skills）。

這裡將氣的技能用淺顯的方式分為七類，家長和孩子都看得懂，以下簡述之。

1. **我**（Me）：**自我管理技能**，包括自我覺察、自我管理、自我控制、注意力和專注。
2. **我們**（We）：**人際技能**，讓我們理解、分享、和別人好好玩。包括有效溝通、合作與團隊工作所需要的語言、同理心、傾聽、社會情緒技能。
3. **為什麼**（Why）：包括**提問**、**好奇心**、**求知慾**的技能。這些技能讓我們帶著問號看世界，不斷努力去了解世界如何運作。
4. **意志**（Will）：這個重要技能包括**自我激勵和動機**。
5. **扭動**（Wiggle）：身心兩方面的不肯靜止，是將上述「為什麼」和「意志」化為行動的關鍵技能。
6. **搖晃**（Wobble）：考慮、建構並加強**靈活性**、**適應力和韌性**的技能。讓我們有能力面對並克服失敗，從失敗中學習。
7. **如果**（What if）：包括**好奇心**、**想像力和創造力**的技能。最終將讓我們不但了解世界如何運作，還能想像世界可以如何運作。

接下來，我將在每一章裡專門討論一項氣的技能，給它一個定義，並解釋它為何對二十一世紀的成功與成就如此重要。然後我會將它追溯到兒童發育最早的源頭。我們也會仔細檢視，如何辨認和培育每一項技能，在最關鍵的頭五年中，提升腦部發育。我將引述最新的神經科學研究結果、我自己的經驗與故事，以及一些範例，來顯示在學校、職場和人生中，每一項技能在今天的世界裡如何重要。

每一章結束前，我會提供許多適齡的活動及策略，讓你可以運用在日常親職生活中。你會發現，許多活動是無數世代的家長已經在用的了，例如說話、朗讀、逗弄、唱歌、玩遊戲等等。不同的是，你現在做這些活動時，心裡知道你是在建構腦部，提升氣的技能發展。我希望你會受到啟發，想出一些新的活動，用策略計畫的方式有意的和孩子一起為二十一世紀的成功建構基礎。

一旦從「氣技能」的脈絡去了解這些可靠且有效的親職活動，我誠心希望你會發現自己不但更有動力、更積極參與、更投入有目的性地培育孩子的氣技能，同時也讓你感到真正賦權，擁抱並享受這個經驗！

讓我們從「我」開始。

第四章 「QI」技能一：我

重心放在自我管理

勝人者有力，
自勝者強。
——老子

「保持冷靜，繼續前進」這句話似乎是新的流行語，其實在三零年代，第二次世界大戰即將開始的時候就出現了(1)。英國政府把這句激勵人心的話製成海報，印刷了幾百萬份，試圖在英國即將面對德軍攻擊的時刻，提高民心士氣。到了今天，這句話以及由此衍生的

詼諧用語，加上旁邊的皇冠標誌，已經成為極受歡迎的現代符碼，被商人印製在棒球帽、T恤、海報、咖啡杯和各種物品上，在許多文化和各大洲流行了好幾十年，值得我們研究一下。這句話為什麼會在過去和現在的流行文化中受到關注呢？我認為答案在於我們直覺地了解到一件事，就是我們必須能夠控制自己的思緒、感覺和行為，才能專注地完成事情。這個重要的基礎能力，以及許多保持冷靜的相關能力，抓住了第一項氣技能的本質：我（Me）。

何謂我技能

我的兒子還是幼兒的時候，穿著一件T恤，上面印了一個很大的竹竿人，站在很小的地球上，旁邊有幾個星球圍繞著地球轉，一支很大的箭頭指向這個人。T恤上寫著「我：宇宙的中心！」當時，我覺得這件T恤很可愛，同時也正確表達了大部分兩歲孩子的世界觀。問題是，今天的許多孩子長大以後，卻仍然持有這種世界觀，讓人懷疑他們是否自「我」意識太強了。

從這個角度想，有些人會說，與其將「我」視為一種技能，其實，「我是宇宙中心」

是自覺天生擁有權力的心態。有人甚至會認為自我中心其實是我們撫養下一代的錯誤態度。我也不喜歡兒子T恤上極度自我中心的觀點，但是這個「我」的印象絕對不是我們要在本章討論的「我技能」。我技能是一套技能，是孩子未來人生成功的關鍵，也是發展其他氣技能的基礎。

我技能到底是什麼呢？**我技能就是「自我管理」的技能**。我們可以將第一個氣技能分解為三個元素：

- **自我覺察**
- **自我控制**
- **自我調適**

我技能還包括內在專注、正念，以及情緒智力的一些面向，例如和自己以及自己的情緒保持連結。我技能的核心就是我們在〈為什麼要早？〉中提到的執行功能技能——很早就開始發展的腦部技能，最後讓我們得以管理、調節、控制我們的情緒和行為，以及邏輯、計畫和解決問題背後的認知過程。

這就是我們的目標。幼兒的我技能可能看起來很不一樣，因為他們的我技能仍在發展當中。那麼，我們要如何把「我技能」放在幼兒世界的脈絡中呢？很簡單：在幼兒的生活中，良好自我管理意味著那一天沒有咬他的朋友。事實上，想一想，幼兒世界裡的「手不要亂摸！」、「坐好！」、「等到輪到你！」、「不要咬別人！」都是在要求幼兒用兩三歲孩子的方式，運用他們才剛剛發展出來的自我控制和衝動控制技能。

當我們思考「我技能」在幼兒身上是什麼模樣時，其中一個最驚人的發現，就是頭幾年的生命裡根本沒有我技能。因為幼兒生活很自然的以衝動行為為主，直到三歲時，執行功能、聚焦、注意力和衝動控制才開始發展。因此，本章目的就是協助你將注意力更放在我技能上，當孩子腦部開始發展能夠執行這些技能時，了解何時和如何協助孩子正確建構強有力的早期基礎。

為什麼是我？

從兒童書到職場，我技能的價值都非常明顯。今日的社會明顯看重冷靜的個性、注意力、保持專注的能力，也重視管理自己的情緒、「保持冷靜，繼續前進」，當大家都在發飆時還能沉得住氣。自我控制和自我調節是達到這些目標的重要條件。雖然我技能不是新的概念，但是我們現在才知道我技能對於二十一世紀的成功，以及其他氣技能的發展有多麼重要。此外，我們也得知我技能的基礎開始成形的時間有多麼的早。討論後者之前，讓我們先看看現代自我管理如何成為重要的二十一世紀企業能力。

關於我：從企業到個人管理

有名的管理顧問、教育家和多產作家彼得・杜拉克（Peter Drucker）被稱為管理大師，是公認的二十世紀最有影響力的企業管理思想家之一(2)。他發明了「知識工作者」（knowledge worker）一詞，預先看到了非盈利企業的出現，是最早在企業策略中強調消費者的人之一(3)。《從A到A+》（*Good to Great*，正體中文版由遠流出版社出版）作者吉姆・柯林斯（Jim Collins）說：「杜拉克最重要的貢獻不是單一的想法，而是他的整體成就具有巨大的優勢：幾乎全部都是正確的。」(4)

也就是說，我們可以說杜拉克的看法對形塑現代企業有重大影響。他的洞見一向如此有價值，杜拉克在他的事業晚期，轉而研究二十一世紀可能有的現象，絕對有其意義。他越來越相信「能夠在知識經濟中獲得成功的人是了解自己的人——自己的優勢與價值，如何表現出最好的自己。」杜拉克看到了我們需要管理自己，才能創造「人類事務的革命」。丹尼爾．品克（Daniel Pink）在他的書《動機，單純的力量》（*Drive: The Surprising Truth About What Motivates Us*，正體中文版由大塊文化出版）清楚作出結論：「雖然杜拉克以企業管理出名，但是到了晚期，他指出了未來的新領域：自我管理(5)。」他留給企業以及親職世界非常重要的洞見：工作與人生的成功，絕對需要了解自己和管理自己的能力。

大家都注意到了自我管理，於是問題來了：為什麼？你只要想一想，答案就出來了。擅長自我管理的人會完成任務。他們會實踐目標，而不是光說大話。無論你是在軟體公司、醫院或在家裡上班都一樣，到處都充滿令人分心的事物。結果就是，很難達成目標、無法在期限內完成任務、工作缺乏效率。擅長自我管理的人——專注於手上的工作、不分心、快速且有創意的完成任務——很有價值，無論他們在哪裡工作或做些什麼。

在今天的世界和職場中，想要保持冷靜、控制自己的情緒是很大的挑戰。在各種環境中，我們都可能因為壓力太大、期限緊迫、同事脾氣太壞、上司要求太高而情緒激動。大家比以前更常在多元的團隊結構中工作。結果就是更有可能和技能不同或背景不同的人一起工作，使得工作更為困難。一旦衝突發生，能夠管好自己，對於自己或公司都會是一個優勢。

使用正念覺知

現在來想一想正念，「正念」已經廣受公眾和企業意識重視。乍看下，討論企業時提到正念好像很奇怪。畢竟對許多人而言，「正念」這個詞會讓人想到禪定的瑜伽大師或修道的僧人。我這輩子只上過一堂瑜伽課，至今尚未嘗試過坐禪，我建議的並非禪修練習。請你花一點時間想一想正念的定義：專注在當下的覺察，冷靜地接受自己的感覺、思緒和身體感觀。這正是「我技能」達到的境界。

自我覺察、自我控制和自我調節都是自我管理的重要元素，為了在職場上執行和掌握我技能，練習正念便更加重要了。

練習正念可以是簡單的靜坐，花幾分鐘專注地觀照自己的呼吸，你可以在桌前、車上、擁擠的地鐵上練習——不需要燒香。雖然聽起來很簡單，獲得的益處卻很大。我們已經知道，正念技巧可以改善成人的認知功能和決策能力，你等一下就會看到，對幼兒也很有效。正因為可以得到這些良好的結果，因此企業正念練習即使出現在最不可能的地方也不足為奇了——從職場到機場都可見到這樣的設計，舊金山、達拉斯、羅利（Raleigh）、伯林頓（Burlington）、佛蒙特（Vermont）、芝加哥的機場都有瑜伽室和冥想室，讓人隨時隨地可以禪修[6]！而且，正念訓練甚至開始進入幼兒園了。

討論教導幼兒正念的可能性之前，讓我們先分享幾個在企業裡用正念進行自我管理訓練的例子，現今幾個企業龍頭都有這樣的訓練。例如，谷歌（Google）的人才管理經理拉茲洛．博克（Laszlo Bock）在他的書《Google 超級用人學：讓人才創意不絕、企業不斷成長的創新工作守則》（*Work Rules!*，正體中文版由天下文化出版）中提到，在谷歌，他們將符合科學的正念置入企業文化。谷歌有一個正念團隊，領導人就是工程師變成正念大師的比爾．杜安（Bill Duane）[7]。杜安解釋說，企業只是一個由人組成的機器，正念就是公司的潤滑劑，在諸多轉輪之間，將固著的部位潤滑開來。在杜安的職場，這些轉輪就是谷歌員工。

企業擁抱正念的例子不只是谷歌，全球最大的軟體公司 SAP 也運用了自我覺察科學和正念的力量。他們擁有專門的正念訓練經理，他明白「一旦你了解自己，你的自我管理就會更好」。還有一位學習經理，將正念置入 SAP 學程，協助成千上萬的員工成為更好的員工[8]。也就是說，在現代職場當中，專注而不分心、遇到狀況時先停頓一下再回到核心，都是重要的價值。你即將看到，這個技能以及其他我技能在孩子找到第一份工作之前，早就已經開始發展了。

自我管理：「早期」疆土

我們現在要從企業的自我管理轉移到早期童年的根源了，讓我們從提到過的棉花糖開始吧。每次我問同事他們是否知道「棉花糖實驗」時，總是有一些來自領導、創新和企業領域的同事會點頭，知道特別發人省思的棉花糖挑戰（我在〈「QI」技能四：意志〉那一章中會討論到）。同時也會有一些研究早期幼兒發育和心理學的同事，知道另一套同樣有啟發性的測試，稱為米歇爾的史丹佛棉花糖實驗（Stanford marshmallow experiment）[9]。史丹佛心理學家沃爾特．米歇爾（Walter Mischel）在大約四十年前開始這套我技能的實驗，許多人認為是心理學界最為人所知的研究之一。[10]

米歇爾的里程碑研究的設計相當簡單，意在了解幼年自我控制和延遲滿足的發展，以及這些能力對未來人生有何影響。受測的學前幼兒被一個一個帶進房間，桌上有一顆棉花糖。實驗人員告訴孩子們，如果他們等十五分鐘，實驗人員會回到房間，他們就會有兩顆棉花糖可吃，而不是一顆而已。如果他們沒辦法等就按鈴，實驗人員會立刻回來，但是他們就只有一顆棉花糖可以吃了。然後，每個孩子都單獨留在房間裡，面對糖果的誘惑。從錄影裡，我們可以看到孩子的內心掙扎，非常可愛，也非常有啟發性。

在自我控制上，孩子的表現各有不同。有的馬上投降，把棉花糖吃掉。有的可以等得夠久，得到兩顆棉花糖。抗拒誘惑的孩子有各種策略，花招百出——有的遮住眼睛、轉身不看棉花糖、拉頭髮，甚至輕輕撫摸棉花糖，好像在摸小寵物似的。

這還只是開始而已。幾十年後的追蹤研究顯示，等得最久的幼兒比較可能擁有較佳的人生成就：學業更好、社交技巧更好、賺更多錢、更健康。他們也比較不會嗑藥、入監或肥胖。簡言之，米歇爾的棉花糖實驗，以及後來的類似研究顯示，幼兒自我控制的影響可以延伸到幼兒時期之後。顯然，米歇爾的研究結果和我技能不只可以運用在棉花糖上。

我認為更重要的是，米歇爾發現，「無法延遲滿足者」（low delayer）——無法等到第二顆棉花糖的人——可以經由學習成為「可以延遲滿足者」（high delayer）。而且，四十年後的腦部顯影研究顯示，在前額葉皮質上可以看到兩組人員的差異。前額葉皮質就是大腦負責執行功能的部位(11)。這些研究的意義就是：**強調我們有潛在的機會可以教導幼兒自我控制以及其他的我技能，以協助孩子在未來幾十年看到重大的成效。**

童年自我控制的預知力量

二〇一一年，《美國國家科學院院刊》（*Proceedings of the National Academy of Sciences*）發表了一篇〈由童年自我控制預測健康、財富和公共安全〉（A Gradient of Childhood Self-Control Predicts Health, Wealth and Public Safety）的文章(12)。編輯是得過諾貝爾獎的經濟學家詹姆士・海克曼（James Heckman），作者是一群優秀的研究者，專業橫跨心理學、神經科學、精神醫學和行為科學各領域。文章一開始就寫到我技能，這對家長們意義深遠：「延遲滿足、衝動控制、調節情緒表達是社會對孩子最早、也最普遍的要求。若要達成許多人生任務，都必須仰賴兒童自我控制的能力。」

在這個研究中，研究者運用自我控制的標準評量來測試一千多位兒童，最小的只有三歲。就像米歇爾的實驗一樣，幾十年之後追蹤研究的結果發現，童年早期自我控制的差異可以預知未來人生的諸多發展結果，包括隨後三十年的生理健康、嗑藥與否、個人經濟、犯罪記錄。

賓州大學（University of Pennsylvania）心理學者安琪拉・德克威爾斯（Angela

Duckworth）是大家公認的頂尖自我控制研究家。她完全理解這些技能與未來人生的關聯。她認為幼兒時期的自我調節和成年後的韌性與毅力呈正相關[13][14]。這裡的暗示很明顯：幼兒能夠運用我技能的程度是至關重要的，不但可以不咬棉花糖也不咬人，而且具有長遠的影響。

關於正念

講了許多自我管理和自我控制，看起來好像我在建議孩子要壓抑自己的情緒。事實上，我技能剛好相反。有了我技能，孩子學會「覺察」自己的情緒，了解自己的感覺，可以逐漸學會用更有效、更有建設性的方式，去疏導這些想法和感覺。事實上，年幼時缺乏自我覺知的兒童反而更容易發脾氣，生氣、傷心或嫉妒時更具有破壞性（在幼兒園，以及後來的職場）。如果兒童無法覺察自己的感覺，就幾乎不可能控制或重新引導這些常見的情緒。只有當兒童學會了解自己的感覺之後，才可能出現自我控制、自我管理和自我克制。這也為「我們技能」奠定基礎，我們技能需要理解別人的情緒。兒童必須能夠了解自己的情緒，才能走到下一步。

幼兒從覺察自己的情緒到學習管理自己的行為，之間的重要橋梁就是正念。《發展心理學》（*Developmental Psychology*）期刊的最新研究發現，花了十二週練習正念——專注、呼吸與身體、關懷——的幼兒學業表現較好，同時，關於我技能的部分，他們在情緒控制和衝動控制等自我調節方面也表現得更好[15]。我們從之前的研究已經知道，這些技能攸關著未來人生的成功與否。

當然，我們無法期待兩三歲的兒童坐著數到十才有反應——你若能讓幼兒靜靜坐著十秒鐘就不錯了。然而，他們可以學習等待一次呼吸的時間，注意自己的身體感覺。當孩子發脾氣或產生其他情緒時，家長常常太早介入，或因挫折而做出反應。事實上，**鼓勵並協助孩子練習正念，會讓他們比我們想像的更能管理自己的情緒**。很多幼兒只需要一下就可以釐清自己的感覺、知道要如何處理自己的情緒、練習自我安慰。

我女兒兩歲的時候愛耍小孩子脾氣。我沒有「糾正」她的感覺或命令她回房間去，我先生和我會問她：「你需要冷靜一下嗎？」她會大吼：「對！」然後自己回房去。這時候，我們會跟她說，我們會想念她，等到她感覺好些了，想要回來的時候，讓我們知道。有時候，她會在樓上的房間裡待很久，我們會去問她，是不是準備好下樓來了？有時候她會拒絕。可是當她準備好的時候，她會冷靜地回來，能夠控制自己的情緒了。雖然我們不能期待所有的幼兒都有這樣的自我覺察——我們的另外兩個孩子就沒有這樣的自我覺察——但是給孩子一個機會，至少停頓一下，深呼吸，花點時間重新整理自己（運用正念）。這是在幼年時期培養我技能的重要方式。

「我」的發育里程碑

家庭與職場學院（Families and Work Institute）的總裁與創建者艾倫・葛林司基（Ellen Galinsky）提供了許多關於幼兒的研究。她認為幼兒的專注與自我管理能力其實比許多人期待的更強。她的書《發展中的心智》（*Mind in the Making*）裡提及非常多的研究，清楚指出專注與自我控制是最重要的技能。她解釋說：「專注與自我控制的一開始是注意……兒童與生俱來的能力[16]。」累積下來、有研究根據的訊息便很清楚：家長可以「教」孩子如何培育內心專注，改善自我覺察和自我管理的能力，強化我技能。葛林司基的結論是：「這些技能就像肌肉——越鍛鍊就越強壯。」[17]

顯然，孩子的我技能發展尚有很大的變數，因此家長必須搞清楚如何了解、辨認、培育這些技能，家長所扮演的角色是非常重要的。首先，最重要的是，我們必須要知道，自我控制、自我動機、自我覺察的基本發育在五歲之前就已經開始了。在三歲之前，嬰幼兒極度依賴成人協助他們體驗、調節和表達情緒，同時學習別人對他的期待是什麼。到了三歲左右，兒童管理和表達情緒的能力真正開始加速。因此，我技能的早期發展將決定幼兒的行為和別人對他們長大時的期待。

- **新生兒到六個月大：**從非常小的時候，嬰兒就擁有一種基本卻重要的自我控制能力：自我安慰。兩個月大的嬰兒已經會把手放到嘴裡吸手指（超音波顯示有些胎兒在子宮裡就會吸手指了），他們運用這個簡單卻自然而然的策略，無需別人協助就能讓自己平靜下來（即使只是一下下）。很小的嬰兒也開始顯露出情緒覺察，他們會展示大家熱切期待的社會性微笑，這種表情顯然是在傳達情緒。嬰兒很早就能覺察且擅長刻意地分享更多的情緒，會用哭泣和不安讓旁人知道他的感受。

  關於聚焦與注意力，小嬰兒也能夠專注，只是無法像成人那麼刻意或那麼久。甚至在出生後的前幾週，嬰兒就能專注的凝視父母的臉。到了兩個月大，他們可以很仔細的注意臉部，也可以「鎖定並追蹤」在他的視線範圍移動的物品。

  新生兒的許多反射動作會在頭幾個月逐漸消失（這些反射動作指的是對刺激產生的非自主性的自動反應），嬰兒開始改善生理上的自我控制。到了大約四個月大，他們不但會把手伸過身體，舉到自己的臉前面（在正式的里程碑行話裡稱為「越過中線」），同時也能夠用四個月大嬰兒的方式，驚訝的盯著自己的手。這個初期的自我覺察，加上逐漸進步的自我控制，會讓嬰兒的眼手並用更為協調，展現有趣的新能力，例如看到一個玩具，能夠成功的伸手拿到或打到。

- **六個月到一歲：**六個月大的嬰兒在鏡子裡認出自己，或是聽到自己的名字而做出回應，是最初期的自我覺察。這時，我們也更容易辨認他的情緒。一般來說，六個月大的嬰兒會開始發出聲音，更明確（而且一看就懂）的表達他們的歡喜和不悅。
- **一歲到兩歲：**十二個月大的嬰兒開始有了自己的偏好，無論是對玩具、書籍或父母。很快的就會出現一歲半幼兒最典型的耍脾氣，這時他們的自我概念、情緒和欲望都更清晰，但是尚未有自我管理的能力（在親職世界的行話是衝動控制或缺乏衝動控制）。你應該還記得，自我管理是一種技能，必須仰賴前額葉皮質和執行功能技能，但這些要到三歲左右才真正開始發育。

過完一歲生日之後，幼兒持續和人以及環境互動，能夠比嬰兒時期聚焦更久了——例如，久到可以跟隨一個物體掉落的軌跡。這個例子同時也顯示他們有能力聚焦在已經消逝在眼前的物體或人。這個能力從九個月大的嬰兒最愛玩（也最可愛）臉部躲貓貓（peek-a-boo，譯註：這個遊戲叫做「皮克不」。成人面對嬰兒的臉說「皮克不」，說到「皮克」的時候用雙手手掌遮住自己的臉，說到「不」的時候把手掌移開，讓嬰兒看到成人的臉。這時候嬰兒會笑得很開心。）便可看出端倪。

關於生理上的自我控制，第二年充滿了第一次「自己完成」的動作，包括走路、獨自探索、從杯子裡喝水、一歲半時能用湯匙吃東西。到了兩歲，幼兒越來越獨立了，有時候會以違抗的行為表現出來（例如，不准他們做的事，他們偏要做）。

- **三歲：**一般到了三歲，幼兒會開始用「我」、「我的」這些詞彙，並且開始理解這些詞的意義。同樣的，他們聚焦和注意的能力發展到一個地步，能夠聽從兩三個指令了。他們開始萌發自我控制能力，讓三歲幼兒能夠偶爾好好坐著，也比較能夠專注的做一件事情，例如依樣畫圈圈，或是玩三、四片的簡單拼圖。
- **四歲：**雖然一般而言，四歲幼兒比較沒那麼自我中心，開始偏好和其他小孩一起玩、一起合作，而比較不願意自己玩。但是他們可能主要還是在講自己和自己有興趣的事情（有時候會講個沒完），也會自己一個人玩。

餅乾怪物、學前幼兒和自我控制

讓我們回顧一下米歇爾的棉花糖實驗。大家咸認為這個實驗是一個里程碑，強調發展早期的我技能對於未來成功的重要性。米歇爾的影響遠遠超過他在史丹佛大學的心理學實驗室，一直延伸到了兒童節目《芝麻街》（Sesame Street）。芝麻街工作坊（Sesame Workshop）課程內容（Curriculum and Content）的資深副總監蘿絲瑪麗・特拉格利歐（Dr. Rosemarie Truglio）[18]和她的童年早期專家團隊知道，需要協助幼兒觀眾學習米歇爾的棉花糖所展示的執行功能和自我調節技能。餅乾怪物（Cookie Monster）完全適合擔任這個重要角色。這個團隊知道，對於小孩和可愛的藍色餅乾怪物而言，學習如何抗拒誘惑都是很困難的任務。他們了解，沒有一個策略能夠對每一個孩子都有效。他們決心把這件事做好，還去諮詢了米歇爾本人，請他審核他們的計畫。其中有一集〈走開，洋芋片先生〉（Get Lost, Mr. Chips）講的就是我技能，專教幼兒自我控制和掌握自我控制的一些基本方法。[19]

二〇一二年九月二十四日播出的這一集節目中，餅乾怪物希望成為餅乾達人俱樂部（Cookie Connoisseurs Club）的會員，這是全美國最不容易進入的餅乾鑑賞俱樂部。為了入會，他需要遵守品嘗餅乾的三條規則——看一看、聞一聞、吃一小口——這意味著他必須抗拒自己狼吞虎嚥的衝動。餅乾怪物認為自己能夠遵守規則，但是第一個餅乾馬上就被他一口吞下了。第二次，他試著讓自己分心，假裝餅乾是不能吃的東西（溜溜球）。他甚至還去聞了一雙臭靴子，想要假裝餅乾是臭的，但是他一聞到餅乾的香味，又馬上吃掉了。每失敗一次，節目都成功地傳達出「抗拒誘惑確實是很困難，需要多多練習」的訊息。餅乾怪物再度得到嘗試的機會，他用了另一套自我調節的策略，叫做「自我對話」。他出聲提醒自己，代價是什麼，他需要控制自己，才能參加俱樂部。這個策略奏效了！

教導幼兒我技能的重要性，已經使之成功出現在《芝麻街》了。除此之外，我也注意到愛荷華大學（University of Iowa）兒童媒體實驗室（Children's Media Lab）研究員黛伯拉・蘭巴傑（Deborah Linebarger）隨後研究了這一集關於執行功能的節目內容所造成的影響[20]。她讓受試者做了類似史丹佛的棉花糖實驗（也就是等久一點會獲得更大的獎賞），一組幼兒看過餅乾怪物練習自我控制的影片，他們平均能夠比看別種影片的對照組多等四分鐘。這個實驗告訴我們兩件事情：如果我們教導幼兒我技能的行為和策略，幼兒能夠吸收並獲益；有計畫的大規模教育，例如：讓餅乾怪物對幾百萬幼兒觀眾示範自我調節的策略，可能成功協助幼兒「發展更強的執行功能，在短期內影響他們的社會情緒與認知能力，也會

對未來的學業與人生成功產生莫大的助益。」(21)

除了直接對幼兒提倡我技能的重要性之外,《芝麻街》的媒體團隊也了解,讓家長和照顧者都知道我技能的重要性,是同樣值得去做的事(22)。《芝麻街》創作了一首趣味十足的歌曲,叫做《我要,可是我會等》(Me Want It(But Me Wait)),並加上#controlmyself的主題標籤(23)。在這首歌裡,餅乾怪物搞笑地示範了遇到誘惑時,要如何掌握自我控制。這首歌朗朗上口,歌詞饒富巧思,像是:

當我失去控制,當我快要發脾氣,

需要冷靜下來,我需要停下來思考。

我需要控制自己,對,就是這樣!

然後我就會像個大老闆!

還有:

當我失去控制,當我自以為是,

我有方法讓自己冷靜下來。

我可以跟自己對話。我可以站得直挺挺。

我可以深呼吸。我可以調整自己!

你能做什麼協助「我」

強有力的證據指出，我們可以運用媒體協助孩子學習。我們也知道，和父母直接的社會互動，對於幼兒和他的學習能力都有最強的正面效果。記住了這一點，以下是你能為孩子示範我技能的方法，以及你可以用來協助他們學習自我管理、正念和更多技能的其他活動。

記得，建構我技能——以及所有QI技能——是一個漸進的過程，大人必須看看孩子目前發育的程度，維持合乎現實的期待。當你發現孩子明顯缺乏我技能時（例如典型的兩歲孩子賴在超市的糖果架前面鬧脾氣），不要生氣，把它視為一個機會，利用這個時候協助孩子練習更好的自我控制。

1. **當個好榜樣**。嬰兒、幼兒和學前兒童都是透過觀察四周的人來學習，其程度比我們想像的更深。印第安納大學（Indiana University）的研究者最近進行了一項研究，主題就是「放下你的手機，注意你的寶寶」。針對社會互動對嬰兒注意力的影響，他們發現家長注意一個東西的時間長度，會直接影響寶寶注意這個東西的時間長度[24]。

也就是說，從第一天開始，我們就有很多大好機會，讓孩子看到注意力和聚焦是怎麼一回事。無論你是和寶寶玩，或是讓幼兒看到你花一小時專心修繕房子，或是看到你聚精會神地玩複雜的拼圖，你都在為他們示範如何應用聚焦與專注力，這對於訓練我技能將帶來巨大的效果，尤其是你在做這些事時，能不為手機或其他事務而分心的話。

2. **利用日常生活規律**。日常生活規律能為孩子帶來安全感、可預測和舒適感。日常生活規律是培育我技能的好機會，因為能讓孩子進入一個系統，據此執行一切，知道大家對他們的期待是什麼，逐漸學習在這個系統中控制自己。例如，盡早建立簡單而確實的睡前習慣，包括洗澡、刷牙、穿睡衣、唸故事書給他們聽，然後睡覺。保持一致的持續練習（當然會遇到一些挫折和考驗極限，也會成功），不久之後，孩子就有了一套可靠的程序，可以嫻熟地控制自己的衝動。

3. **強化情緒的詞彙**。管理自己的情緒是我技能的基礎。孩子必須先理解自己的感覺，才能學習控制自己的反應與行為。很多孩子很早就學會「快樂」和「生氣」，我們需要教孩子更多細微情緒的詞彙，讓他們在任何特定的情況下，都能更精確地描述出自己的感覺。這也有助於預防發脾氣。很多時候，孩子發脾氣是因為他們覺得沒有能適切表達自己的工具，於是感到挫折，就發脾氣了。

以下是一些簡單又好玩的方式，讓你發展孩子的情緒詞彙。

- 當你和幼兒說話時，使用更多不同的情緒詞彙。你可以考慮讓他聽到**好驚訝**、**好挫折**、**難以承受**、**好困惑**、**好放鬆**、**鬆了一口氣**、**好驕傲**、**好勇敢**、**好擔心**以及其他詞彙。
- 畫或是看臉部的圖片，協助孩子描述這張臉的表情。
- 唸很多故事書。和孩子討論他覺得圖中或故事中的人物感覺如何，並且問他，如果換作是他，他會感覺如何。

4. **鼓勵情緒表達**。你只需要問：「你感覺如何？」試著讓孩子用自己的話清楚說出心裡的感覺。小心不要批判他的情感表達，或是跟他說不應該這麼覺得。這可能比表面上看起來更難做到。身為家長，我們希望孩子能對某件事釋懷，於是我們可能會試著解釋他為什麼不該有某種感覺。但是這麼做沒有尊重他真正的感覺，反而會阻礙孩子的情緒表達。我們應該說：「我很抱歉你這麼覺得。」或是「你看起來很不開心，可以告訴我為什麼嗎？」你不需要同意他不開心的理由，但是你仍然可以承認，甚至同情他的情緒，同時教他更合適的處理方式。

5. 用「離開現場」取代「暫時休息一下」。當幼兒採取尖叫、踢人、咬人或其他「失控」行為時，你的直覺可能是叫他「暫時休息一下」（time-out），然後讓他知道你無法接受他的行為。雖然他過於激動的行為顯然是不可容許的，但是要求孩子暫時休息一下的做法，往往很大一部分代表了家長的挫折和憤怒——很不幸的，這兩種情緒都無法創造正向的學習經驗。所以我會建議「離開現場」（time away）的做法。我知道很多人會覺得奇怪，兩種做法的差別到底在哪裡呢？我可以跟你保證，差別雖小，卻不是在玩弄文字。二者的差異在於家長心態的基本改變。

是的，「離開現場」還是需要動手把孩子帶離讓他發脾氣的環境。但是這不是處罰，而是給孩子一點空間和時間，讓自己、情緒與行為都重新回到他們的控制之下。當然，這不會是立即見效的做法。但是，不要吼叫和生氣（這樣做完全無法輔助孩子掌握新的社會和行為技能），好好控制你自己的情緒，堅定而冷靜的引導孩子離開令他激動的場合，讓他可以管理自己和自己的行為。

6. 輪流。玩一些需要輪流的遊戲，鼓勵幼兒練習自我控制和衝動控制，並練習聚焦和專注，因為他們必須等待輪到他們的時候。臉部躲貓貓是嬰兒最早學會的遊戲之一，需要聚焦和專注，同時也需要輪流。當孩子年紀稍長，試著輪流堆積木，一面玩一面說：「現在輪到你了。」和「現在輪到我了。」學前兒童可以玩需要時動時停的遊戲，例如老師說（Simon Says）、鴨鴨鵝（Duck, Duck, Goose，編按：一種抓鬼遊戲，遊戲者圍成一圈，當鬼的輪流拍遊戲者的肩膀，並說 duck，拍到某人時說出 goose，那個人就要立刻起身追鬼。如果鬼被拍到則繼續當鬼，沒被追到並搶佔那個人的位子的話，就換他當鬼）、紅綠燈（Red Light, Green Light）、媽媽我可以嗎（Mother May I，編按：類似 123 木頭人的遊戲，一個人當媽媽，其他孩子站在遠處，輪流問「媽媽我可以走／跳……步嗎？」當媽媽的回答可以或不可以，其他孩子則依照指示，或走或跳往媽媽靠近，最先抵達媽媽的人獲勝）、鬼抓人（Tag），或者其他遊戲，從中學會專注和耐心等待。

7. 協助學前幼兒角色扮演。玩耍一般讓人想到快樂童年、想像力和創造力（在〈「QI」技能七：如果〉一章將仔細討論），同時也可能提供我技能的訓練。鼓勵學前幼兒參與更「成熟」的假扮遊戲，讓他們扮演不同的角色（例如媽媽、爸爸、醫生、太空人），遊戲中可以加入各種我技能，包括學習如何更能克制自己、抗拒衝動、練習遵守遊戲規則。協助孩子選擇一個角色，創造一個假想的情境，設計一些相關的道具，好進入這個角色扮演的假想世界。透過這個過程，你可以真正促成更好的聚焦和專注力，讓他們可以發揮創意進行角色扮演更久的時間。[25][26]

8. 注意背景裡的電視。很多人習慣開著電視，即使沒有在看，也當作是無害的「背景噪音」。但是研究顯示，如果有孩子在場，即使他們直接看著電視的時間只有5%，也會影響孩子的聚焦和專注能力，減少他們玩耍的時間，對我技能是一種負面的影響。

> **請當心背景電視讓人不安的效果**
>
> 如果小孩在一個房間裡，我們把電視開著，即使刻意轉到孩子不會有興趣的節目，還是會讓他們比較無法專注在他們的遊戲上，致使玩耍的時間減半。[27]

9. 深呼吸。從很小的年紀，我們就會教孩子如何指向某個方向、搖手、走路、說話，但是我們往往忘記教他們最基本、最重要的技能之一：如何呼吸。當然，孩子自然就會呼吸，但是學著控制呼吸卻是一種有效的方法，可以用來練習正念、集中注意、管理情緒。

威斯康辛大學（University of Wisconsin）健康心智中心（Center for Healthy

Minds）的理查・大衛森教授（Richard Davidson）和他的團隊就是在發展可以運用的呼吸技巧，讓幼兒園老師教導幼兒(28)。做法很簡單，請幼兒仰躺，在腹部放一個小東西（但是不要小到可能噎到），然後請他們隨著每次呼吸，觀察它的起伏。常常練習之後，幼兒就能夠掌握呼吸技巧，肚子上也不一定要放東西。遇到情緒開始失控時，可以鼓勵他們把呼吸加大、加深，讓身心安靜下來。

10. **休息和下課**。無論你是兩歲、四歲或二十四歲，唯有充分休息，身體也有足夠的活動之後，自我管理技能才能發揮到極致。如果你發現孩子常常發脾氣，或是很難自我控制（例如打人、咬人、踢人），想一想，他最近午睡夠不夠？晚上睡得如何？白天是否有足夠的運動？請記得，運用我技能是一個學習過程。

而我們已經知道，身體活動和足夠的睡眠，可以協助孩子保持健康以便更有效的運用自我控制技能。研究顯示，如果孩子睡眠不足，執行功能首先受到衝擊，影響也最大。使得他們無法清晰思考，也無法展現良好的自我控制。(29)

第五章 「QI」技能二：我們

學習和別人好好合作

自己一個人能夠做的很少，我們一起合作就可以做很多。

——海倫．凱勒（Helen Keller）

我們的社會和世界現在最缺乏的就是同理心。我們極度需要大家能站在別人的立場，從別人的眼中看世界。

——美國前總統歐巴馬（Barack Obama）在YouTube上的《同理心紀錄片——歐巴馬提倡書籍與讀寫中的同理心》（Empathy Documentary—Barack Obama Promotes Empathy from Books and Literacy）裡的發言

從五零年代開始，艾斯特．列德爾（Esther Lederer）和寶琳．菲利普斯（Pauline

Phillips）就致力於協助解決人們的社會和關係問題。她們是雙胞胎，分別是報紙專欄〈安．蘭德斯信箱〉（Ask Ann Landers）和〈親愛的艾比〉（Dear Abby）的作者。她們針對關係技能所撰寫的文章非常受歡迎。到了二十世紀末，〈親愛的艾比〉成為世界上最多報紙登載的專欄，出現在一千兩百種報紙上，翻譯成二十多種文字，讀者多達九千萬人。(1)

歐普拉．溫弗瑞（Oprah Winfrey）也在二十世紀後半迅速崛起。《時代》（*Time*）雜誌指出，她將「報導性談話節目」（幾十年來流行的正式新聞報導節目，類似菲爾．唐納休（Phil Donohue）的節目）完全轉型，成為更「親切」的「個人談話節目」(2)。歐普拉在更個人的層次上，和廣大觀眾建立連結，使得她的節目創下同類型節目有史以來的最高收視率。她被認為是世界上最有影響力的女性，揭示了諸多意義——不僅關於歐普拉本人，也關於我們的文化多麼重視人生的社會層面，包括關係和個人的連結、聆聽、社會技能和同理心。(3)

重視社會技能和關係顯然並不是新的現象。但是，二十世紀時，這些議題僅止於書報雜誌和電視上的討論，人們進了辦公室就要管好自己的情緒，以免情緒影響自己的思考，削弱了產能。因此，我們在辦公室只是工作，回家才能滿足社會連結的需求。今天，社會情緒技能被放在最前面了，範圍延伸到了企業界，溝通、合作、同理心和團隊工作倍受重視。也就是說，上個世紀讓報紙專欄與電視談話節目如此成功的那股力量，已經進入了二十一世紀的企業界。那股力量是什麼呢？就是「我們」（We）的力量。

「我們」技能是什麼？

最直接的解釋：我們技能就是人際技能，是形成人際關係、與別人互動。具有我們技能的成人，是擅於溝通、注意聆聽、能夠建立強而多元關係的人。我們技能包括現在大家很重視的溝通、合作、同理的能力，也包括連結、團隊合作、人際關係、觀點取替（perspective taking，編按：即換個角度思考，例如：從別人的角度看事情）、讀人的能力。強大的我們技能最終將讓我們可以聆聽並理解他人的看法，可以站在別人的立場進行溝通，可以連結並考慮到別人的視角。

在所有的氣技能裡，我認為我們技能在童年早期的連結最為不辯自明。討論我們技能的核心時，幾乎無法不想到幼兒園的世界。畢竟，幼兒園裡面經常聽到「用你的耳朵聽」、「用講的」、「想一想自己的感覺」、「在沙坑裡要學習分享、和別人一起好好玩」。這些都是撫養兩到四歲幼兒的人一天到晚會講的話，也代表了兒童發展的氣技能裡很早就擁有的最重要技能。

我們總是在鼓勵孩子和別人一起好好的玩。我們教孩子，想要什麼的時候要好好講（不要動手或咬人）、要有禮貌（不要哭鬧或大吼大叫）、要分享（不要覺得什麼都是自己的，或是去抓別人的東西）。我們一直這麼教孩子，因為我們希望孩子長大成為善良、關懷別人的人。無論我們是否覺察到，家長強調這些行為，其實也是一直在建構我們技能。影響的結果比一般人想像的更為深刻。養出「善良」的孩子確實很重要，但事實上不止於此。強大的我們技能是孩子未來事業和人生成功的關鍵。

關係很重要

今日的企業界非常緊張，是一個快節奏、全球連結、互相競爭的競技場。但是我們也可以說，企業界變「軟」了——至少從它開始強調人際技巧看來是如此。今天，無論你往哪裡看，頭條新聞都顯示重大改變正在發生。例如說，我坐下來寫這一章的這天早上，我家這裡的地方報紙商業版的頭版刊登了一個專欄，光是標題就說得很詳細：〈尋找擅長「人際關係」的員工：雇主徵求的特質首重扎實的社會技能〉[4]。這篇文章分享了全國大學與雇主協會（National Association of Colleges and Employers）的最新問卷調查結果，發現雇主雇用大學畢業生時，最希望對方具有團隊合作的能力。同樣的，美國勞工部（U.S. Department of Labor）所發表的一份評論也指出，這幾十年來，越來越多的工作需要很強的社會技能。

我們只要想一想，周圍的世界正在發生些什麼？那麼出現上述的轉變也就不意外了。以前，員工在自己社區裡的公司任職，盡其一生沿著公司的職務階梯往上爬，現在已經不是這樣了。複雜的全球挑戰需要大家通力合作，已非一己之力所能克服。即使沒有親自面對面，大家也要能夠理解來自不同背景、文化和信仰的人，並能彼此有效溝通。正如作家及哲學家蘇西．卡珊姆（Suzy Kassem）說的：「要成為真正的世界公民，我們必須放棄一切『他人』的觀念，轉而擁抱『一起』的觀念。」

如果你在想，分享和合作到底對今天的世界有多麼重要？那麼，想一想，新的經濟體系被稱為共享經濟（sharing economy）。二十世紀強調辛勤工作和個人主義，二十一世紀職場的關鍵能力則包括建立人脈、形成盟友，並在團隊合作的氣氛中表現良好。在一個需要理解顧客、能夠和顧客產生連結，才能將工作做好的時代裡，即使是電腦程式設計師也不能再獨自坐在房間裡寫程式了。無論是哪一種行業，大家都不能單打獨鬥，都需要我們技能才能更有產能、更有效、更創新、更成功。

我們只需要看看領英公司（LinkedIn），就可以了解大家為何賦予連結極高的價值。到了二〇一五年底，領英的廣大社交網路——設計來協助個人建立專業網路——全球共有將近四億用戶，數量還在增加之中。公司創建者之一雷德・霍夫曼（Reid Hoffman）絕對很懂連結是什麼，並且了解人際關係有多麼重要。在他的書《自創思維》（*The Start-Up of You*）中，霍夫曼深刻指出我技能和我們技能之間的交會處，尤其是大家一起團隊合作時。他寫道：「你的事業成功依賴你的個人能力，以及你是否能建立網路來放大你的能力。把它想成『我』的『我們』次方（I^{we}）。有了團隊（網路），個人力量會呈指數成長。」(6)

「我」在「我們」之前

在最基礎的層次上，我們技能是我技能的自然延伸。我技能聚焦在自己身上，牽涉到覺察和控制自己的行為、思想、情緒。我們技能則是將同樣的能力往外延伸。我們技能牽涉到理解「別人」如何思考、感覺和行動，以及別人為何如此思考、感覺和行動。當然你就需要擁有重要的我技能，例如認識、理解和控制自己情緒的能力，還要能聚焦在別人身上，注意別人，才能開始擅長和別人建立關係（我們技能）。

我們的討論——首先是我技能，然後是我們技能——可能會讓你想到「情緒商數」一詞。事實上，「我」（以霍夫曼的描述為「I」）和「我們」的有力結合抓住了情緒商數的核心特質。你可能還記得，情緒商數的概念在九零年代崛起，主要是因為《紐約時報》（*The New York Times*）前腦部和行為科學記者丹尼爾・高曼（Daniel Goleman）的倡導(7)。他在一九九五年出版了暢銷書《EQ》（*Emotional Intelligence*，正體中文版由時報出版社出版），並且一直在做情緒商數的研究。他是國際知名的心理學家，也是羅格斯大學（Rutgers University）組織情商研究協會（Consortium for Research on Emotional Intelligence in Organizations）的聯合主席。

高曼貢獻良多，讓世人對情商產生興趣，了解情商就是能夠覺察並調節自己的情緒（正是我們說的我技能），有能力同理別人、和別人建立關係（我們技能的基礎）。(8)

小金魚餅乾、花椰菜和幼兒的利他行為

在一項簡單卻深刻的研究裡，實驗者給幼兒兩碗食物，一碗裡面是小金魚餅乾（幾乎每個幼兒都愛吃，因此選用這種餅乾），一碗裡面是比較不吸引幼兒的花椰菜。把兩個碗拿給幼兒之前，實驗者先從每個碗裡吃一口，然後做出喜歡小金魚餅乾並且討厭花椰菜的反應（用意是反映幼兒自己可能的偏好），或是做出相反的反應。接著把碗拿給幼兒。實驗者會問幼兒：「我可以吃一些嗎？」無論實驗者剛才做出的反應是哪一種，十四個月大的幼兒都會分享自己心愛的小金魚餅乾。

十八個月大的幼兒反應就不同了。這些孩子年紀稍大，會把實驗者剛才表示喜歡的食物遞給他，顯示他能夠清楚理解，別人喜歡的東西可能和他喜歡的不同。研究者做出結論，即使是才十八個月大的幼兒也可以——一次一顆小金魚餅乾或是一棵花椰菜的——在基本衝動的支配下產生同理心，進而與人分享，展現真正的利他主義。(9)

超越企業

以本書的目的，我主要聚焦在一個範疇（企業）之中，但是我必須指出，氣技能不只適用於創業家、創新者和企業領袖。氣技能的重要性在各種專業中廣受推崇和強調，包括我自己受訓的醫學界。

目前，健康照護業界的就業成長是所有專業中最快的，預計在未來幾十年還會成長得更快速。人際關係在企業界很重要，在醫學界更是重要。我們所做的一切都圍繞著病患。今天的健康照護也面臨和其他專業與企業同樣的挑戰，必須把人際關係的技能放在專業技能之上。讀人、和別人建立關係的能力在醫學界特別有用。我們需要注意到微小的線索，才能提出更多問題，更了解病患和他們的狀況。我們技能非常重要。事實上，越來越多的研究顯示，病患的癒後結果，包括住院日數、併發症比例和復原時間，除了要看他們接受的治療之外，醫病之間的連結與關係所產生的影響，可能不亞於治療本身。

同時，下一代的健康專業人士持續進入職場，卻缺乏足夠的人際技能。二〇一五年《富比士》（*Forbes*）雜誌發表了一篇文章〈醫生在醫學院沒有學的事，為何如此重要？〉

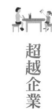

（What Doctors Aren't Learning in Medical School and Why It Matters），特別提到了我們技能在醫療產業中的重要性[10]。文章裡包含一份醫學院學生的問卷調查結果。96%的醫學生相信高品質醫療照護需要有效的合作，將近60%認為缺乏溝通是有效照護整合的最大阻礙。文章作者的結論是：「是的，他們學了微生物學、生物化學、心臟病學和骨科醫學，但是他們沒有學如何懷著同理心做有效溝通、如何在組織中扮演好個人、如何當領導者（或跟隨者）、如何讓病患開心、如何有效率的開會、如何行銷自己或自己的診所。」

正如我們技能已經深植於二十一世紀企業環境中一樣，整個世界都在尋找擁有優秀我們技能的人。我們可以看到幾乎各行各業，包括健康照護，都需要更好的發展。

以「我們」領導方向

有前瞻的機構越來越重視我們技能，在各個層面都在改變他們執行的方式。機構越來越扁平化，從金字塔結構轉換成團隊結構。企業越來越依賴強大的合作關係，打破上司和部屬之間的隔閡。前所未有的，公司正在雇用並獎勵能夠與人合作的人。

今天，我們技能提供了新的視鏡，公司雇用、升遷和發展員工時，會透過這個視鏡尋找。同樣的，公司也在尋找和以前風格不同的領導者。公司不再尋找典型的老板——擅長做決策、威權、發號施令——他們所需要的是現代領導力，包括同理心、變通和建構關係的技能。

這些技能的關鍵就是：必要時能夠起來領導，但是也懂得退後一步，讓團隊裡的人發揮，才會更有效率。要兼顧大家的才華和自尊是很複雜的事情，絕非易事。但是我還是認為，這個能力不但天生就有，而且可以很早就開始學習。

想一下鴨鴨鵝（Duck, Duck, Goose）的遊戲。這個幾乎所有幼兒都在玩的遊戲，輪到孩子時要往前站（或跑），沒有輪到自己時則需要坐下來、聆聽、注意。這些正好都是二十一世紀領導人的核心特質。我不是要建議大家玩鴨鴨鵝遊戲，以建構職場的團隊精神（雖然玩一玩也沒什麼不好）。我是在說，孩子在日常遊戲中學到並發展的我們技能，可能在幼兒園之後多年仍很重要。

童年早期的「我們」

雖然概念近似，在幼兒園與在職場的我們技能，從一開始就不太一樣。溝通、合作、團隊工作定義了成年人的我們技能，幼兒若想獲得這些能力，則還有一大段的路要走。幼兒的「我們」技能可以拆解為基本的語言、聆聽、理解別人的情緒。畢竟，這些能力才能讓幼兒學會好好玩在一起、溝通、分享和交朋友。

早期的「我們」技能對孩子未來的成功有多少影響呢？最好的例子就是〈為什麼要早？〉一章提到的研究，你可能還記得。我在賓州州立大學（Penn State）的同事馬克・格林伯格（Mark Greenberg）是美國最頂尖的社會情緒研究者。這項研究請幼兒園教師評估**五歲學生的社會與溝通技能，為「與同儕合作」、「分享材料」、「幫助別人」、「擅於了解情緒」、「自己解決問題」等項目**打分數。十九年後，追蹤調查顯示，原始分數每多一分，就多出54％的機會高中畢業；年輕時得到大學學位的機會變成兩倍；二十五歲時擁有全職工作的機率幾乎多出50％。(11)

我們技能更早的核心元素，也就是語言和聆聽技能，也扮演了基本且有預知價值的角色。乍看下，這些技能可能很像我技能，因為偏向以個人為基礎。雖然聽覺牽涉到腦部接收和處理聲音的能力，是很內在的認知過程；但是，有效的「聆聽」，卻顯然是以關係為基礎、並且是有效溝通關鍵的我們技能。只要想一想這句話：「我知道你聽到我說話，但是你真的有在『聽』嗎？」聆聽是聽覺的社會應用，是雙向的，我們不僅要聽到別人的話，更重要的是，要理解語言背後的情緒、訊息和動機。語言也一樣，能夠說話，並且能「用自己的話」，讓幼兒能奠定堅實的基礎，並以此基礎建構溝通、分享自己的想法、與別人連結的能力。

> 「每個人都需要用心聆聽，才能盡情享受人生——和四周環境時空連結，理解彼此。」
>
> ——《聲音企業》（*Sound Business*）作者朱利安・特雷朱爾（Julian Treasure），二〇一一年TEDGlobal的演講〈五種聆聽更有效的方法〉（Five Ways to Listen Better）。

熟悉「我們」的里程碑

只要你知道要找的是什麼，就很容易很早看到我們技能生根發芽。我們知道嬰兒出生就想與別人產生連結，從別人身上學習。回想一下，〈為什麼要早？〉一章裡提到，最具啟示意義的現代嬰兒腦部研究，檢查了最早的基本學習、語言和溝通的形式。這些技能的發展非常仰賴社會互動。嬰兒和關懷他、回應他的成人（通常是父母）做社會互動，會啟動嬰兒的腦部變成吸收知識的海綿。這表示，我們每天回應嬰兒、和嬰兒互動，不但是在教他們社會技能，同時也在協助他們形塑腦部，讓他們未來能夠發展出更強的我們技能。

社會互動是嬰兒腦部發育的基礎，因此可體現在嬰兒發育的里程碑。以下是一些重要的「我們」里程碑，你可以留意，並協助孩子在頭五年掌握這些技能：

- **兩個月**：兩個月大的嬰兒會展現社會性微笑，他從一出生就在練習了。現在可以清楚分辨他是在微笑，還是在放屁或反射動作。他們現在會轉頭朝向聲音的方向，表示他已經會聆聽周圍的風吹草動。
- **四個月**：這個年紀的嬰兒常會自動對人微笑，喜歡和別人玩。別人對他展現關愛時，他會回報以笑容和聲音。他們會模仿別人的表情和聲音，很快的開始咿咿啊啊。
- **六個月**：語言發展剛剛開始，六個月大的嬰兒會發出新的、比較有意義的聲音，例如把母音湊在一起（啊、哎、喔）。他們也能夠雙向溝通了，能夠更有意的運用手勢，以及臉部表情、動作和聲音回應別人。他們這時也剛剛開始有社會能力和成熟的情緒，典型的六個月大嬰兒喜歡和人玩耍（尤其是父母），會回應別人的情緒，會對別人發出聲音，進行「對話」。

- **九個月**：表現越來越多可愛的社會互動和刻意的發聲，九個月大的嬰兒開始會發出可辨識的的聲音，例如「媽媽」、「爸爸」、「大大」。他們正在發展社會覺察，包括認出（反應會不同）熟人和陌生人——這個社會「技能」可能讓他們發展出對陌生人的焦慮，或是黏著他們最放心的熟人不放。九個月大的嬰兒也會發展出「共同注意」（shared attention 或 joint attention，也稱為「凝視轉移 gaze shifting」）的技能，能夠和別人一起凝視同一個東西。也就是說，你看一本書，他也會跟著你的目光看著同一本書。這個技能基本上是社會技能，很像和別人「在同一個頻率」或「分享同一個想法」。這個技能也被視為語言發展的核心，因為有了這項技能，當你指著一樣東西說出名稱的時候，九個月大的嬰兒會知道你要他們注意什麼。

你看到我看到的了嗎？

更大的嬰兒（十個月和十一個月大）會跟隨成人的目光，看他在看什麼。這個能力稱為「共同注意」，看似簡單，但是基本上屬於社會能力。這個能力和幼兒（十八個月大）接下來發展的語言能力有正相關。(12)

- **十二個月：**當嬰兒進入幼兒時期，已經可以辨認有意義的字彙，會對簡單的指令做出反應，會使用簡單手勢（例如：搖頭拒絕或揮手道別），會發出有音調高低變化的聲音（類似成人說話的語調），同時也開始更關心別人。雖然十二個月大的孩子可能表現早期的同理心——有時候會擁抱、拍背或碰觸——並不保證他們總是會這麼做，頻率也不一定如你期待。
- **十八個月：**語言與溝通技能持續成長。孩子可能說幾個單字、搖頭表示「不」、指出他要的東西。在這個階段，他可能用很可愛的方式，對別人的欲望、需要和感覺表現出更多的興趣，例如：假裝餵娃娃或絨毛動物吃東西、玩耍時遞東西給別人、對熟人表露情感、問別人「你還好嗎？」，還有分享或給別人東西（例如：繃帶或毛毯），想讓人舒服一些。
- **兩歲：**就語言部分，孩子可以說出熟人名字（以及身體各部分）、指認書裡的東西、說出兩個到四個字的句子、執行簡單指令、主動重述對話中聽到的詞彙。兩歲之前，孩子比較喜歡「平行遊戲」（parallel play），也就是和別的小朋友在同一個空間，卻各玩各的。到了兩歲左右，開始比較喜歡和別人一起玩。這代表他們互動和玩耍的方式有了重要的社會性轉變。兩歲到三歲之間，兒童多半已經知道什麼是快樂、傷心和生氣，也知道這些情緒的名稱。同樣重要的，他們通常可以理解別人的快樂、傷心和生氣。當這個年紀的兒童遇到更複雜的情緒，例如挫折或丟臉，卻無法用語言描述時，如果他們的溝通能力和同理心都暫時消失了，別感到意外。

- **三歲：**學前幼兒的我們技能真的開始綻放了，從發育的觀點來看是合情合理的。孩子開始練習將快速發展的社會技能運用在學習輪流、妥協、思考別人的感覺是什麼，以及分享上。除了掌握「我」、「我們」、「你」的詞彙和概念之外，他們也了解「我的」、「他的」概念。無需催促，他們就會表達對朋友的情感。他們也更擅長社會性遊戲，常喜歡和娃娃、動物與別人玩，演出各種角色，練習社會互動。
- **四歲：**四歲時，兒童更能掌握語言和溝通了，他們能夠說故事、憑記憶唱歌（做好心理準備，可能同一首歌一唱再唱）、正確使用代名詞，例如「他」。四歲兒童也更擅長透過裝扮遊戲或變裝，假扮成媽媽、爸爸或其他熟人，藉此體會別人的角色。大部分的四歲兒童特別喜歡互動式的遊戲，寧可和小朋友玩，不要自己一個人玩。合作的能力出現之後，社會活動就會更成功了。

及早鼓勵我們技能

為了培養孩子的我們技能，你能做的最重要的事就是提供很多機會，讓孩子看到並練習我們技能。請記住，就像學習閱讀一樣，學習讀人也是很複雜的過程，需要很多時間、練習、錯誤和從錯誤中學習的機會。

幼兒正在學習情緒是怎麼回事、大家如何相處。所以，雖然鼓勵兒童練習我們技能是很重要的，不期待完美也同樣重要。你可以藉由身教與示範，協助孩子發展我們技能；當他們犯了錯誤時，和他們對話；創造有價值的學習經驗，例如：約小朋友來玩，或是上幼兒園。

以下是一些可以協助孩子從「我」進展到「我們」的更具體方法。

> 「情緒智慧不只是才華，事實上是可以從幼兒時期就開始教導的能力……其實，更早的時候，經由我們和嬰兒的關係，以及我們如何對嬰兒做出反應，就已經播下了種子。」
>
> ——蜜雪兒．玻芭（Michele Borba），《消除自私：為什麼有同理心的孩子在自我中心的世界裡能夠成功》（*UnSelfie: Why Empathetic Kids Succeed in Our All-About-Me World*）

1. **協助他們打開耳朵聆聽**。我們知道兒童越能夠聆聽，就越能夠學習並與別人互動。從示範注意聆聽開始。提供專注的注意力、回應孩子的哭泣和聲音、和孩子對話，對於孩子的聆聽能力將有莫大的影響。當孩子有輪流的能力時，家長需要養成習慣，強化積極聆聽，包括不打岔（需要用到衝動控制的我技能，說起來容易，要幼兒做到卻很難！）。考慮一下借用《心靈幫手》（*Tools of the Mind*，正體中文版由心理出版社出版）一書裡的策略，製作具體可見的提醒卡片，並讓孩子使用——一張畫上嘴唇，一張畫上耳朵——提醒他何時可以說話，何時應該聆聽[13]。當一位好的聆聽者，要有不被干擾的專注能力。家長應該盡量減少自己同時做好幾件事情的時間，用一段時間完全停下手邊的工作，專注地聆聽孩子。利用四周環境裡的聲音，鼓勵孩子更能覺察。你可以帶孩子到戶外散步，玩「那是什麼聲音？」的遊戲，將孩子的注意力引導到風中樹葉的摩擦聲、溪流裡的水聲，或任何其他來自大自然的聲音——要仔細聽才聽得出來的聲音。

2. **鼓勵積極聆聽**。根據積極聆聽的定義，需要專注（我技能），也需要理解別人在說什麼。幸好，為孩子出聲朗讀剛好就是最好的方式之一，可以鼓勵和發展無比重要的積極聆聽技能。**請記得，聆聽的價值不只是聽到他說的話，更重要的是理解他要給你的訊息。你必須鼓勵幼兒不要被動的一直聽，鼓勵他對每個故事發表意見、提出問題、回答問題**。同時也要知道，積極聆聽不一定需要孩子坐得端端正正的（在〈「QI」技能五：扭動〉一章會進一步討論這個概念）。

3. **用你自己的話**。只要你用你自己的話，就可以鼓勵幼兒用他自己的話了。當孩子的詞彙量逐漸增加時，提供幼兒新詞以及使用新詞的機會，對於我們技能的發展中，有建設性的溝通這部分益形重要。當你發現孩子找不到正確的語詞溝通自己的想法、欲望、需求、挫折或情緒時，幫他一把，把你認為他可能有的感覺說出來，或是問他問題，釐清事情，例如「你生氣，是因為你想再唸一本書嗎？」童年早期就像人生一樣，如果學會運用詞彙，就可以改善和別人一起好好玩的能力，因為如果無法用語言表達自己，往往就會使用社會比較無法接受的方式表達了，例如打人、咬人、丟東西或發脾氣等等。

4. **教他們「好好玩在一起」**。為孩子創造很多的機會，跟別的孩子在一起玩，練習並運用他剛學到的聆聽、語言、分享、輪流和同理心。很久以前就有人說過，對於三歲孩子而言，遊戲就是他的「工作」，無論是約小朋友來家裡一起玩、去幼兒園或在公園裡。這句話從很多方面來看都是真的，其中最重要的一個原因是，這個年紀的兒童在理解別的小朋友、喜歡交朋友，以及和別的小朋友互動上，都開始進步神速。一兩歲兒童喜歡一個人玩（或和別人在同一個空間各玩各的），三歲開始喜歡更有互動、更社會性的遊戲，這個轉變並非一夕之間平穩的發生。他們需要很多的遊戲時間，來練習和別人一起好好地玩。

5. **讓他們體會別人的處境**。讓幼兒有機會玩他們熱愛的變裝和角色扮演，讓他們扮演別人，體會別人的角色。當他們假裝是別人的時候，就是在練習換位思考。他們開始了解別人怎麼想，因為他們必須想像這個人會如何思考、感覺和行動。一些扮裝的道具就足夠引導他們想像出很有創意的場景了——無論是演學校、醫生或家庭——並且在幼兒時期扎下換位思考的根。

6. **示範如何閱讀肢體語言和做出回應**。孩子一開始是觀察你，來學習如何對別人做出回應，所以你應該儘早開始，仔細觀察孩子的肢體動作和其他非語言表達，並做出回應。一旦你開始尋找線索，就會發現，即使是嬰兒也會用一些很自然的動作溝通。嬰兒咂嘴可能是餓了，把頭轉開則可能不餓。把臉遮住或是轉身背對你的幼兒，通常是想告訴你一些事情。如果照顧者注意孩子的手和身體的動作，並做出回應，就等於是幫孩子打下了基礎。即使他還不會說話，就能夠覺察並詮釋別人的情緒、動機和觀點了。

7. **嘗試嬰兒動作**。嬰兒會說話的幾個月之前，就已經可以掌握必要的運動技能（motor skill），運用所謂的「手動模式」來進行溝通，其中包括有意義手勢例如揮手、指出物件，以及更正式的動作，像是手語。十二到十八個月的幼兒會說的字詞一般而言並不多。但是六到九個月大的嬰兒已經擁有運動技能，開始學習比手勢，很快就可以溝通許多務實的概念了，例如：吃、睡、更多、奶、書、尿布、請、謝謝、媽媽、爸爸、完畢。嬰兒手語是非常有趣又可以互動的方式，可以用來協助孩子發展我們技能。還有，專家認為教嬰兒手語可能對口語的發展有幫助，而不是阻礙。如果學習手語看起來很困難，請放心吧，有許多書籍和應用軟體可以讓你又快又輕鬆地學會基礎手語。

8. **經常幫助別人**。和別人好好相處的核心是善良與關懷。即使是很小的幼兒也天生有此能力，會擁抱別人、關懷別人。除了示範善良和關懷的身教之外，你最重要的角色之一就是確定孩子每天都有機會練習，想到別人、為別人做點事情。一開始可以是很簡單的事情，看到幼兒表示同情或關懷不開心的同伴，或是和朋友或手足分享玩具，都要誇獎他。孩子年紀大一點之後，一定要經常家人之間彼此幫助，同時也伸出手來幫助別人，為孩子可以認同的公益活動付出（例如：捐贈食物、支持遊民中心或流浪動物之家，捐贈大衣或手套）。這些都會讓孩子覺得自己是積極參與者。

9. **問他：「如果是你，會有什麼感覺？」** 請孩子想一想，他們會如何感覺。這是非常重要的問題，可以儘早並且常常提出來。如果孩子對別人做了不太好的事情（例如：打人或搶玩具），更是特別需要這樣問他。協助孩子思考「己所不欲，勿施於人」的道理，想一下，如果同樣的事情發生在自己身上，會有什麼感受？久了之後，孩子學會停下來思考，然後作出不一樣的行為，不會再做出同樣的壞行為。一般而言，這也是一個很好的提問，例如閱讀的時候，因為提問會強調你認為除了掌握自己的情緒之外，考慮到別人的感覺是多麼重要的一件事！

10. **帶著情感朗讀**。書籍是增進詞彙量、讀寫能力、積極聆聽技能，甚至改進情緒技能的最佳工具。即使是嬰兒也能從臉上讀到情緒，因此對書中的臉孔很有反應。一起唸故事時，指出角色的情緒，幫孩子學習尋找並辨認各種情緒。當孩子越來越瞭解別人的情緒，問一些關於書中角色的情緒問題，例如：「你覺得那個小男孩感覺如何？」、「你覺得小鴨子找不到媽媽的時候感覺如何？」最後，好好運用許多專講情緒的兒童書。當你找書時，考慮一下書中是否不只用到我們技能，而是用到所有其他的氣技能（〈附錄一〉依照氣技能來分類，列出受歡迎的兒童書書單，你可以從這裡開始）。

11. 唱歌。兒歌〈如果你很快樂〉（If You're Happy and You Know It）極受歡迎，不無道理。旋律簡單、不斷重複，而且節奏好記，很適合互動歡唱。這首歌也是一個很棒又有趣的方式，可以介紹、強化、教導孩子情緒。當你和孩子一起唱這些簡單的歌詞，並且加上動作時，你就等於是在強化（並且找到了適當的詞彙）快樂的概念、快樂的臉會看起來怎樣，以及臉部是傳遞情緒的重要元素。

可別就這麼唱完結束，抓住機會，介紹其他動作和情緒。把拍手換成跺腳，把快樂換成哀傷，然後試試驚奇，以此類推。做出各種神情，等到孩子明白怎麼玩了之後，讓他自己想一些新的、更有挑戰的情緒，並且加上動作。

第六章　「QI」技能三：為什麼

將世界視為一個問號

> 重要的是不要停止提問，
> 好奇心的存在是有道理的。
>
> ——愛因斯坦（Albert Einstein）

一開始，嬰兒會發出輕柔的聲音，咿咿啊啊，然後開始說話。從嬰兒說出第一個大家熱切期待的字，到家長（以及所有人）都快被煩死了的那個詞之間，時間過得飛快。如果你認為我說的這個字是「不」，確實猜得有道理，但是我們以後再討論「不」這個字。

不，我說的那個詞就是本章的標題「為什麼」。每個三歲幼兒的詞彙裡，大概都有這個無所不在、總是一問再問的詞。「為什麼」不只是幼兒語彙中的一個新詞而已，也不只是在挑戰父母的威權。「為什麼」的意義更大、更重要。「為什麼」代表了非常重要的質疑能力，也就是本章要討論的第三個氣技能：**為什麼（Why）**。

五個為什麼

幾年前，我接觸到一種很受歡迎的訓練技巧，是由豐田汽車的一位工程師發明的，稱為「五個為什麼」。「五個為什麼」在企業界很出名，是一種「反覆提問的技巧，經由提問，引發深刻的思考」[1]。正如標題顯示，這個技巧主要就是問五次「為什麼」，直達問題的根源，找出有意義的答案。為什麼是五次呢？顯然他們覺得五次足以達到效果。不過，後來大家發現，有時候問更多的「為什麼」更有效，因此鼓勵大家提出更多問題。

「五個為什麼」鼓勵並促成大家探索因果關係，一直都是很受歡迎的技巧。世界上許多最有創新精神的公司都發展出各種不同形式的「五個為什麼」，作為員工訓練的一部分，包括日本的改善法（Kaizen）、精益生產（lean manufacturing）、六標準差（Six Sigma）

等等[2][3]。從企業的角度來看，這個技巧看起來很簡單，也很有道理。但是自從學過「五個為什麼」之後，我自己有一個很惱人、一直沒有解答的問題：任何人帶過兩三歲的幼兒就知道，問「為什麼？」是不斷發生且自然發生的一件事，為什麼我們需要花這麼大的力氣訓練成人和高階企業主管，來做幼兒都會做的事情呢？

這個問題讓我開始思考。如果我們希望成人會問一大堆問題，或許我們應該花些時間，找出來是什麼原因，讓孩子慢慢不再問為什麼了。

「為什麼」是什麼？

根據截至目前為止的討論，你可能認為，我們可以將「為什麼技能」定義為「提出為什麼」就好了。但是，為什麼技能其實包括得更多。為什麼技能是氣技能的一種，是在提出關於世界如何運作的各種問題。為什麼技能展現了各方面都追根究柢的好奇心，包括問「如何」、「什麼」、「誰」、「何時」、「為什麼」。因此，為什麼技能代表了對知識與理解的基本渴望，孩子藉以搞清楚四周的世界。正如我們在接下來的章節會看到，為什麼技能將驅動「意志」、「扭動」、「搖晃」的技能，最後促成「如果」技能——在更深刻、更有創造力的層次提問，不但探索和質疑世界的現狀，同時也探索和質疑「世界可以如何」。

無疑地，我們需要好奇的心智

孩子如果擁有良好的為什麼技能，未來將因此而受益，這個效益在今日比以往更顯著。為什麼呢？我們可以先看一看四周，我們成長的世界有些什麼改變。畢竟，僅僅是幾十年前，大量的知識來自於百科全書或是地方圖書館分類卡片目錄。現在，你只需要上網的設備——智慧型手機、平板或電腦——就可以在全球網路上搜尋各種知識了。

我們在〈為什麼是現在？〉一章中討論到了資訊與知識，正是這些資訊與知識造成重大改變，將工業經濟變成了分享經濟。我們都親自見證了人類歷史中的這個重大改變。科技、電腦化、行動資源、網路崛起助長了這種改變。我們無法忽視，我們的孩子正處於資訊革命的洪流之中。

事實上，一個星期的《紐約時報》（*The New York Times*）所涵蓋的資訊量，相當於十七世紀一般人一生遇到的資訊總量[4]。活在現代社會，孩子會像我們一樣，接觸到史無前例的資訊超載。我們必須問自己，在這個無時無刻都可以通過搜尋引擎，接觸到任何資訊的時代裡，我們要如何養育孩子呢？我們的任務極為艱鉅，以下就要討論培育孩子的為什麼技能為何如此重要。

問題與答案

從工業時代到資訊時代的轉變，已經改變了我們養育孩子的方式，並將持續造成重大影響。我們已經知道，記憶知識、知道正確答案的價值已經大不如前了，能夠提出「正確的」問題並尋找答案的價值則越來越高。

就某種程度而言，我們一向很重視提問的「本能反應」。我們很久以前就在說：「沒有什麼是笨問題。」愛因斯坦說過：「如果我只有一小時的時間解決問題，而且答案關乎我的生死，那麼，我會花五十五分鐘決定正確的提問是什麼，一旦知道正確的問題是什麼，我就能在五分鐘之內得到答案[5]。」不過，重視提問的價值是一回事，執行起來卻是另一回事。

這個世界充滿了日益複雜的挑戰，包括氣候變遷、石油短缺、革命性的科技改變、健康照護的演化、企業環境改變。培育提出好問題的能力——很多、很多的好問題——對於解決這些問題有莫大的重要性。

例如創造力吧。創造力的價值已經達到史無前例的新高，我們一旦明白，創意思考需要提出好問題，而不是背答案，就能下定決心培育孩子基本的為什麼技能了。同時，世界需要大量「好奇的人」。《哈佛商業評論》（*Harvard Business Review*）雜誌也曾刊載一篇題為〈為何好奇的人注定要成為總裁？〉（Why Curious People Are Destined for the C-Suite）的代表性文章。文章引述一項研究，針對一千位總裁進行問卷調查，顯示領導者的好奇心（以及開放的心胸）在這個充滿挑戰的時代益形重要[6]。好奇心牽涉到為什麼技能，以及提問的能力。戴爾（Dell）公司創始人麥可．戴爾（Michael Dell）說過：「好奇心可以啟發領導者，尋找新的想法和做法，才能跟上改變的腳步，保持領先。」[7]

提問——被視為許多重要的二十一世紀技能的核心——已經成為企業、領導力、創業、創新的重要主題。這並不令人驚訝。領英（LinkedIn）創始者雷德．霍夫曼（Reid Hoffman）就認為創業者的一個決定性特徵就是「經常問為什麼」。同樣的，全球知名的企業家和慈善家拉丹．塔塔（Ratan Tata）知道，創新者一定需要「於不疑處有疑」。知名的哈佛商學院（Harvard Business School）教授克萊頓．克里斯坦森（Clayton Christensen）則說，**創新者都是愛提出問題的人，對於「提問很有熱情」**。

事實上，克里斯坦森專門研究人們如何想出突破性的想法。經過六年的研究，他指出「提問」是五個關鍵「發現」能力之一，認為所有的創新者「天生」就愛問一些有刺激性的問題，一直挑戰極限、假設，並「把石頭都翻了一遍」（編按：喻「千方百計要找到答案」）。(8)

既然大家重視提問勝過答案，重視不斷的問為什麼、提問的熱情、翻遍全部的石頭、在不疑處有疑，結論就很明顯了：如果你重視創新、創業、創造力、好奇心，或者你只是希望孩子在重視知識的世界中獲得成功，就要重視為什麼技能。

將世界視為一個大問號

當幼兒將世界當作一個大問號時(9)，世界看起來是什麼樣子呢？理論上聽起來很棒：幼兒渴望探索與學習，到處碰觸、品嘗、指來指去、問「為什麼？」和「那是什麼？」但是在現實中，熱情的幼兒什麼都要碰，還會質疑規矩、指令和要求，輕易的挑戰父母的威權和控制。

eBay 創建者皮耶・歐米迪亞（Pierre Omidyar）說：「我的學習過程完全就是在質疑大人教我的一切，就是要持反對立場，逼著別人必須證明自己的說法。」他的事業如此成功[10]，我們很容易讚賞他持續提問的精神。但是如果一個四歲孩子在幼兒園教室運用同樣的策略，我敢打賭這個發現技能——在現今破壞式創新（disruptive innovation，編按：企業在開發新商品或服務時的創新方式，特色是跳脫主流思考模式，突破市場既有期待，對原有市場產生極大的破壞力）的世界裡受到高度重視——不會得到鼓勵。這個孩子還可能被罰到角落裡坐著呢。簡單地說，挑戰威權和質疑現況，並不符合傳統親職、幼兒園或行為良好的孩子的形象。

當我想到家長如何看待幼兒一直不斷的問「為什麼？」的現象時，我會想到以前一位小兒科病患的家屬送我的古怪小雞瓷像。這隻雞蹲在我的辦公室書架上，看到的人都會笑起來。當然，這隻雞一身俗豔的螢光粉紅色確實很好笑。但是更大的原因是，這隻雞握著一個看板，上面寫著：「養小孩就像被一隻雞啄到死。」

養過小孩，或是和小孩相處過的人都能明白，為什麼這句誇張的話會引人會心一笑了。真實生活中的親職確實很容易讓人聯想到被小雞啄個不停，尤其是孩子一直問問題，不斷的問「為什麼？」，簡直要讓我們累翻了。疲倦的家長常常會說「因為我說了算」，但是這種反應最後會讓孩子完全不想問問題了。

「不准問問題」的問題

八零年代早期，美國總統夫人南西．雷根（Nancy Reagan）提倡「就說『不』」（Just say no）。這句話很快的流行開來，並成為全美國針對青少年的反酗酒和反毒的策略。我們很容易理解這三個字為什麼會受到歡迎。簡短、順口、容易理解，而且直截了當地傳達了我們要孩子怎麼做（或是不要做什麼）。

更棒的是，家長對這個做法感到自在。但是有一個小小的問題。「就說『不』」讓學童沒有機會學習批判性思考，沒有機會討論敏感議題。結果這個不許發問的流行政策對於反毒戰爭的效果非常差，甚至毫無效果[11]。同樣的，我們可以說，這個策略對於幼兒的家長也不是一個有效的整體戰略。過度使用「就說『不』」可能會降低幼兒時期為什麼技能的發展。

我可以想像，現在有多少讀者在想：「『不』這個字還是有其價值吧！」確實如此。即使在幼兒開始用語言對四周世界提問之前，他們就已經開始探索了。如果孩子靠近危險，例如游泳池邊緣、插座或車多的十字路口，我們當然應該大聲而果決地說「不！」完全不需要進一步解釋（至少當下不用解釋）。如果幼兒問你：「如果把東西塞進插座，會怎麼樣？」的時候，你可以欣賞他的好奇心，同時也要快速果斷地確保他不會經由親身體驗得到答案。

當問題的答案（或規定）不那麼明確的時候，花點時間考慮一下，你是否真的想要，或是真的需要，不准孩子提問、探索。或許那只是你的本能反應，當你開始體會孩子的好奇心對於發展為什麼技能的作用，你也可以訓練自己放下固有的反應。

在許多可能阻礙為什麼技能發展的話裡面，「因為我說的」和「不」只是其中兩句。家長和照顧者如果希望不要從一開始就扼殺了「提問思維」的話，就需要重新思考。想一想，遇到孩子問個不停的時候，我們會多麼想說以下的幾句話：

因為我說的！

不可以！

就照我說的做！

遵守規定！

不要再問這麼多問題！

這些都是現代父母的標準回應。遇到重要規定的時候，在某個程度上，這些話有其必要性。

當然，我們很容易推崇史蒂夫．賈伯斯（Steve Jobs）以及其他一些人，不但勇於質疑既定的規則，並且打破、忽視、重寫常規。但是，當我們講到幼兒時，我們必須讓孩子了解規則、學習遵守規則，尤其當這些規則有其道理的時候，例如是為了健康或安全，或協助他們學習和別人好好玩、掌握重要我技能。同時，我們也必須允許他們保有質疑四周一切的能力。

於是家長面對了一個挑戰：是要教導規則、強制執行規則，還是鼓勵孩子不理會規則？是要處罰，還是誇讚一直挑戰規則的孩子？實際說來，要有效培育為什麼技能，同時顧及安全和健康是絕對有可能的。《原創者：不墨守成規的人如何推動世界》（*Originals: How Non-Conformists Move the World*）的作者，同時也是華頓商學院（Wharton）最受歡迎的老師亞當．格蘭特（Adam Grant）接受《大西洋》（*The Atlantic*）雜誌訪談時，稱呼這個平衡為金髮女孩效應（Goldilocks effect，編按：典故出自英語童話《金髮女孩與三隻熊》。小女孩走進三隻熊的家，發現桌上有三碗粥，一碗太燙、一碗太涼，於是小女孩挑了不冷不熱的那碗，把粥吃了。接著看到三張床，她又挑了大小適中的那張，躺上去睡覺。比喻凡事過與不及都不好，應有限度、適中為佳）。他指出「太多結構、秩序與紀律可能阻礙創造力，但是太少也可能阻礙創造力[12][13]。」如果想掌握到最佳平衡，就需要好好了解兒童發育，清楚知道自己的親職目標，還要有一點親職策略。

從「為什麼」開始

為了保護孩子早期的為什麼技能，在我們考慮親職角色之前，首先讓我們看看一些常見的童年早期發育里程碑，從中可以看出孩子最早的為什麼技能。雖然這項氣技能缺乏明顯可見的里程碑，無法正式列出各個年紀應該達到的標準，但仍可大致說明基本的發育進程，希望可以協助你發覺並加強孩子正在萌芽的為什麼技能。

即使在幼兒能夠用口語表達為什麼技能之前，他們很明顯的天生具有強烈的好奇心。孩子很早就開始好奇、探索、尋找答案，甚至在嬰兒時期即已開始。在他們會說「為什麼？」之前，嬰幼兒就已經達成很多發育里程碑，顯示出為什麼技能開始發育。他們對世界產生沒有說出口的疑問，藉由觀察我們來得到答案。九個月大的嬰兒已經可以用手指指著東西，表示「那是什麼？」。雖然這個年紀還不太會說話，無法提出問題，但是你放心，他們還是有強烈的好奇心，會專注地觀察你和四周的人在說什麼或做什麼，以滿足他的好奇心。

大約一歲開始，整個幼兒時期裡，孩子都在學習語言、認識東西的名字，並探索這些東西如何運作。家長通常很樂於回答他們「指認東西」的問題。我們知道，認識物體名稱很重要，很高興增加孩子的詞彙，讓他能夠對四周的世界有基本的認識。一開始，幼兒的問題十分直接，我們往往很喜歡他們的好奇心，很快地提供答案。

然後，為什麼技能的里程碑真正展開。幼兒的簡單提問很快地變成了五歲孩子的「為什麼？」五歲的孩子了解因果關係，認為幾乎任何事情都有（也應該有）其原因，總是在問你各種問題。

你可能注意到了，我一開始所說的「為什麼」指的是兩三歲的小孩，因為這個年紀的幼兒真正開始發展腦力（及其底下的執行功能），他們需要腦力才能夠在事物之間做出有邏輯的連結。他們的認知有了大躍進，開始了解事情為什麼發生，於是**天生的好奇心全力展開，不斷的問問題，很多很多的問題。幼兒想要越來越多的資訊，正在發展的「為什麼」技能就是他們獲得資訊的主要方法。**

請注意，這個年紀的幼兒真正開始了解因果關係，往往也代表了開始進入「獨立階段」，或者有時候可以說是「可怕的兩歲」階段。畢竟，如果你知道世界如何運轉，事情卻不如你所料；或是你不知道世界如何運轉，而且百思不得其解，為此感到挫折；或是缺乏口語能力，無法提出具體的問題；或是無法理解別人給的答案，都可能讓你偶爾發個脾氣了。

所以，如果要協助孩子發展並維持最早的為什麼技能，責任就落在家長的肩膀上。我們也有責任取得平衡，讓孩子學會尊重事情就是這樣，知道如何遵守規則，同時永遠不放棄提問。

提問：家長的角色

幼兒可能自然而然會對四周的世界提問，至於接下來會怎樣，就看我們了。畢竟，幼兒需要許多的支持與鼓勵，來學習正面的運用為什麼技能。

我發現，為了培育孩子的為什麼技能，家長最有效的態度就是：把提問和質疑界限當作是孩子的「工作」，而家長的工作就是設定界限。事實上，嬰幼兒只有幾項基本任務要做：吃飯、睡覺、尿尿、大便、玩耍。對你和四周世界的一切提問，正是其中最重要的任務。我發現，只要有了這種態度，就可以改變我們的親職期待，以及我們對孩子做出的回應。畢竟，如果我們認為孩子只是在執行他的任務，建構為什麼技能的基礎的話，對於孩子不斷的質疑我們，以及我們的指令和我們設的規定，就比較不會生氣了。一旦了解設定界線是家長的工作，你就該好好想清楚要定什麼規定、給什麼答案，而不僅僅是運用權威而已。

為了讓你有個好的開始，下面我提供了一些普遍的方法和活動，讓你可以培育孩子早期的為什麼技能，並且在滿足他們好奇心和設定界線之間獲得兩全。

1. **先回答沒有被提出來的問題**。即使是對新生兒，家長都要記得，說話就是教導，你是孩子的第一位老師，肯定也是最棒的一位老師。為什麼技能的發展開始得如此之早，不要等到孩子真的開始提問的時候，才知道在他的眼中，世界是個大問號。你可以假設他對你說的任何話都會感興趣，養成習慣，經常描述他四周的世界——每天相處時，指出有趣的事物、說出東西的名稱、分享你的想法與洞見。

2. **提出你自己的問題**。你希望孩子終身都有能力提出有思想的問題。在孩子能夠問「為什麼」之前，以身教示範，讓孩子看到你是一位終身學習者，隨時在好奇和提問，永遠對於世界如何運作有興趣。

3.不僅僅誇獎答案，還要誇獎問題。這一點很簡單：你越是有反應，並能夠欣賞孩子的好奇心與提問，他越會持續的提問。你可以很簡單的說：「好棒的問題！」或是放下手邊的事情，全神貫注在他身上，表現出你決心要討論答案了（而不僅僅是幫他搜尋網路上的答案，然後做自己的事），讓他覺得他的問題很重要。你也可以更進一步的問他：「這個問題很有趣。你怎麼會想到問這個問題呢？」

4.逐步提升問題和答案的比例。問題和答案的比例，就是他提出的問題數量和他提供的答案數量之比[14]。以我們已經知道的一切——提問比靜態的答案更重要——更應該期待問題最後比答案更多。身為家長，孩子往往向我們索取答案。不得不承認，就算被小孩子當作萬事通，感覺也很好。

但是我們必須明白，如果我們要協助孩子在這個世界上成功，就要協助他學習如何尋找自己的答案。一方面，這表示我們必須學習忍耐，不要提供孩子所有的答案。另一方面，我們必須記住，兒童的問題需要答案，尤其是頭幾年的幼兒，才能建構知識和詞彙的基礎。

至於該提供多少答案，要看孩子的年紀和能力。我清楚記得某一天，我和女兒（當時是幼兒）在人行道上走著，她先是指著樹叢，然後汽車、天空、鳥、腳踏車……不停的問我：「那是什麼？」她的這些問題（或者該說只有一個問題，通用於四周的一切事物）驚人的顯示了幼兒剛萌發的為什麼技能，完全無須鼓勵催促。對於剛剛開始學習語彙的幼兒而言，我們提供越多答案越好。相對地，我的孩子比較大了以後，我必須忍住不要什麼問題都給答案，而是鼓勵並協助他們學習尋找答案。

5. **一定要教提問的禮節**。孩子不斷提出問題，很容易讓我們忽視為什麼技能的價值。但是我們所面臨的挑戰不僅止於此，很多時候，提問的時間、地點和提問的方式也很重要。幼兒很容易打斷別人、不肯聽人解釋、在不合適的時機提出問題。當你鼓勵孩子持續提問的同時，不要忘記，鼓勵他運用我技能和我們技能，要控制衝動、覺察到別人，所以他也要學習輪流、舉手發問、不要打岔（可能需要花不少時間才做得到）、用心聆聽別人說什麼。同時，確定每天空出一些「為什麼時間」，讓幼兒盡情的提問，你也比較能欣賞他孜孜不倦的提問能力——在晚餐或開車時間也好，上床或閱讀時間也好，就算只是散步或玩耍的時間都好。

6. **注意自己是否抑制提問**。研究顯示，成人不肯提問的兩大原因就是不想看起來很蠢，以及不想被視為不合群或不配合[15]。因此，家長（以及幼兒照顧者）要仔細考量何時、為何和如何「抑制」了孩子的提問。我們很容易地就可以列出許多常見原因：我們有自己的事要忙；時間不夠，希望孩子做一些不要讓你一直回答的事情；我們不知道答案；我們覺得孩子的問題是在挑戰我們的權威。無論原因是什麼，我們都必須知道，這些原因往往會阻礙了孩子發展為什麼技能。要記得先問問自己，孩子的問題是不是真的過分了。盡量避免使用「因為我說的」和「不」，以免壓抑了孩子的為什麼技能。如果你大量使用這種回應，是會節省一些解釋的時間，但是孩子會知道，提問是不受歡迎的。

7. 讀書。你可能已經注意到了，唸書給孩子聽可以促進幾乎所有的氣技能。以為什麼技能來說，書不但好玩、實用，並且可以讓孩子有無限的機會，接觸各種新的想法、影像和概念，可以拓展孩子的世界觀，了解世界如何運作。

為了鼓勵提問，在閱讀的過程中，一定要停下來，讓孩子指著圖畫提問，甚至可以來來回回翻閱某些特別有趣的頁面，而不要一路從頭唸到底。你也可以隨時配合內容，問孩子一個能夠刺激思考的問題，一開始可以讓他尋找某件東西，或說出某件東西的名稱，然後進化到關於故事更深刻的問題。

第七章 「QI」技能四：意志

自我動機：運用意志的力量

你可以用恐懼作為動機，你也可以用獎勵作為動機，但是二者都只是暫時的。唯一能夠持久的是自我動機。

——荷馬・萊斯（Homer Rice），前美國足球球員、教練和大學運動主任

一九三〇年，剛從史丹佛大學畢業的心理學博士哈里・哈洛（Harry Harlow）到威斯康辛大學（University of Wisconsin）任教，隨後沒多久便建立了至今仍然存在的同名實驗室[1]。接下來的幾十年裡，哈洛和同事，以及一群恆河猴，享譽了全世界。人類和猴子的發

育類似，心智也同樣複雜，因此，猴子實驗為人類的社會行為、學習和發育心理，提供了重要的洞見[2]。事實上，他們謹慎地進行了一些被視為里程碑的實驗，時至今日我們仍然受到啟發，讓我們了解人類如何發展社會性的我們技能，從嬰兒的依附關係（或是缺乏依附關係）到感情與正常社會關係的發展[3][4]。對於了解氣技能，這還不是哈洛和他的猴子們唯一的重要貢獻。

動機與猴子實驗

哈洛進行的一項實驗顯示了另一種不同的氣技能。研究本身很簡單：他提供猴子一個機關，要用三個步驟才能開啟，然後觀察猴子是否可以弄懂開啟機關的步驟。結果很簡單，猴子們很快也很輕易地學會了怎麼開啟機關。更值得注意的是，每隻猴子都很「自立自強」，無需研究者的催促、教導或獎勵就能自動研究出方法。問題解決了嗎？是的。也不是的。

這個研究結果可能看起來並不令人意外……除非你考慮到當時人們的信念。丹尼爾．品克（Daniel Pink）在他的《紐約時報》暢銷書《動機，單純的力量》中回憶到，哈洛時期的科學家相信，人類行為只有兩種動機：一種是生物本能（也就是滿足飢餓、口渴或性慾），另一種是基於獎勵和懲罰[5]。但是這兩種標準動機都無法解釋哈洛的猴子為何完成任務。畢竟，研究者沒有提供獎勵（通常在猴子實驗中，獎勵就是食物或情感）。結果更令人困惑的是，當他們之後提供獎勵時，猴子的表現反而比較不好。

你可以想像，哈洛和同事一直想不透，一直思考著，到底是什麼動機讓猴子無須獎勵就充滿目標的採取行動？答案就是我們的下一種QI技能：意志（Will）。

意志是什麼？

我的三個孩子進入大班時，每一個人都正式參加了全校同學都會參加的俱樂部，校長巧妙地稱之為「做得到俱樂部」。無需解釋俱樂部成員的條件是什麼，光是俱樂部的名稱就讓我以及——可以很大膽的假設——所有的家長都希望孩子參加了。俱樂部的焦點是**鼓勵孩子辛勤努力和勇於嘗試**。我認為，無論是在現實社會，或只是在概念上，我們都應該決心參加「做得到俱樂部」。做得到俱樂部的概念（或態度）也抓住了意志技能的本質。

你可以猜到意志的諸多其他特質，包括大家重視的完成任務、積極能幹和堅持下去的態度。意志力也是承諾、責任心、決心、進取心、堅持、毅力和聚焦。意志技能高度仰賴我技能，因為二者都需要注意力、聚焦和自我控制。而意志的核心就是動機了。

意志，在充滿胡蘿蔔與棍子的世界中

一方面，外在動機牽涉到以動作或行為獲得外在獎勵或避免責罰。家長或業界人士可能已經聯想到了種種策略，例如給幼兒點心作為獎勵、用積分獎勵表（編按：利用貼紙式的獎勵表格，依據孩子每天的表現給予嘉獎，累積分數以換取獎勵）鼓勵良好行為、答應再吃一口花椰菜就可以吃甜點。我們一定會討論到這些策略，但是現在暫時不要。讓我們先談一談背景。

用外在獎勵來引發良好行為的傳統策略，也稱為「胡蘿蔔與棍子」的策略，一向被企業界用來鼓勵職場上的良好行為。想像一匹馬的鼻子前面掛了一根胡蘿蔔，讓牠有動機往前走。棍子呢？那是馬不聽話的時候用的……你可以想像是怎麼一回事。

企業機構和其他職場長久以來都依賴胡蘿蔔，例如用獎金、加薪、津貼和其他福利「鼓勵」員工好好表現。職場的「棍子」則是劣等的評鑑報告、老板的責備、降職、解聘，這些都曾經被當作負面的懲罰——獎勵之外，同時運用懲罰作為威脅，讓員工乖乖聽話。簡言之，這個古老的二十世紀工業時代的動機策略，也就是胡蘿蔔與棍子，長期以來一直被奉為圭臬。

可是現在我們知道，胡蘿蔔與棍子很少能夠激發人們盡心盡力、在別人都放棄的時候仍然努力不懈。倒不是說胡蘿蔔與棍子無法成為動機、無法提升效率，尤其對於短期的、單調、重複、生產線式的工作而言是有用的。但是，許多企業和心理學研究顯示，光是靠著胡蘿蔔或棍子很難往前進步。**現代的世界極為複雜，需要創造力和批判性思考，靠著外在獎勵提升動機的效果無法持久**。更糟糕的是，長期下來，外在獎勵可能讓成人、猴子、甚至兒童失去動機。

品克是最有名的動機研究權威學者，在他的《動機，單純的力量》一書中，對於這個狀況寫道：「太多組織——不只是公司，也包括政府和非營利企業——對於人類潛能和個人表現還有許多過時的、未經檢驗的、基於坊間流傳而不是基於科學的假設(6)。」他指出，這些機構持續運用短期獎勵計畫，雖然許多研究顯示這種做法通常無效，還往往有害。他說，更糟的是，這些做法已經侵入學校，給社會未來的主人翁各種小獎品、兌換卷，甚至現金，來「激勵」他們願意學習。

我所擔心的和品克一樣，現在明知道外在獎勵無效，我們的體制卻沒有更新引發動機的方法。這表示親職世界也必須跟上時代的腳步了。

來自內在的動機

讓我們再想一想哈洛的猴子。品克認為，哈洛猴子實驗所揭示的正是相反的動機，是我們過去所不明白、卻強有力的驅動著行為的「內在」動機。品克描述哈洛實驗結果的總結中指出了內在力量或「動機」（後者是因品克而盛行的用詞）：「猴子解決問題純粹是因為牠們發現解決問題讓牠們很滿足。牠們很享受。『完成』一件任務的快樂本身就是獎勵了。」(7)

內在動機的力量是行為的主要驅力。這個觀察並未停留在哈洛的猴子籠裡很久。很快的，心理研究所學生愛德華・戴西（Edward Deci）將目標從猴子移到了人類身上。他用一個不同的任務挑戰受試者——這次是大學生。結果，人類受試者也產生相同的表現：「天生就尋求新奇事物和挑戰」並「延伸和運用自己的能力，去探索、學習」(8)。於是，大家開始了解，內在動機是人性的關鍵元素。長期而言，提供外在動機（在戴西的實驗中是金錢）對於內在動機的發展可能有害。

把「意志力」作為親職目標

你可能在想，這一切都很簡單啊。畢竟，很難找到一個父母不願意讓自己的孩子長大之後擁有自我動機、覺得「我做得到」、有信心設定並追求長程目標、認真努力以呈現自己的最佳表現。截至目前還好，但是其實並不容易。我們首先必須檢視一些親職上的矛盾，才能實現培育孩子意志力的策略性目標。第一項就是我們對於意志堅強的孩子的普遍態度，另一項跟 M&M's 巧克力有關。

關於「意志堅強」

根據本章討論的一切，意志堅強必然是一件好事，不是嗎？這個特質似乎完全符合成人眼中的決心、堅持，以及我們所談論的各種意志技能。但是在親職世界裡，當「意志堅強」和「孩子」放在一起的時候，例如「意志堅強的孩子」，就有了不同的意味了，可能暗示著挑戰，隱約有著「很麻煩」、「有問題」和「困難」的意味。心理上，我們可能希望孩子擁有很強的意志技能，實際上，可能更為困難。

我願意為M&M's巧克力尿尿

我們先解釋「我願意為 M&M's 巧克力尿尿」這句話，另一個親職矛盾的現象便昭然若揭了。這句話的意思是指，很多父母會用 M&M's 巧克力（或任何點心）獎勵正在進行如廁訓練的孩子，希望他學會在小馬桶裡尿尿或大便。如果幼兒能夠用蠟筆在厚紙板上寫出訴求的話，我可以想像，全美國的廁所門上都會寫著這句話了（就像都市街頭有時會出現「我願意為食物工作」的牌子一樣）。我們為了讓幼兒做出我們希望他做的事、保持我們希望他擁有的行為，常常會使用「如果你做這件事，我就會獎勵你」的策略。這種策略和「我願意為 M&M's 巧克力尿尿」已經如此氾濫，我們幾乎沒有意識到自己正在這麼做。當然，偶爾為了好好完成的任務，給孩子幾顆糖果作為獎勵，似乎沒有害處，而且這點代價對我們來說不算什麼。是的，獎勵確實常常有用。

可是我們應該超越「慶祝不再包尿布」的短視思考，想一想這對孩子的期待有什麼影響。簡單地說，我們需要考慮這種親職交易行為是否有其必要，甚至，這種無意的做法是否有害？訓練如廁是一個特別好的例子，如果成功達成任務的結果本身就是獎勵的話，如廁無疑是其中之一。畢竟，不用再穿著沾了大小便的尿布應該就是足夠的獎勵了。吃飯、睡覺，以及諸多日常任務也是如此。我們每天、而且經常是不必要的制約了幼兒，讓他期待獎勵。我怕的是這麼做之後，我們很早就在教孩子無論大小事都期待獎勵。

避免手套陷阱

就算我們知道，目前的親職文化和幼兒最早期的生活中，外在獎勵的使用有多麼氾濫，我們還是很容易不經意的落入外在獎勵的陷阱。以下是我的親身經驗。

我的兒童教育中心裡有兩百多位幼兒。我最喜歡的活動之一就是每年的手套樂捐。我們決心讓幼兒學習同理心和善良，並且從小就親身體驗氣技能。最小的學生才兩歲，他們也會帶手套到學校，捐贈給有需要的人。幼兒和學前兒童會衝到我身邊，從口袋裡掏出手套，驕傲的跟我說：「我帶手套來了！」家長完全支持我們的活動，知道成人應該鼓勵孩子想到別人、做善事、積極發展我們技能。

在進行手套樂捐的那個月裡，老師會協助幼兒紀錄每一班收集到的手套數量。隨著總數越來越高——大概都能達到七百付手套——孩子們也越來越興奮。某一天，一位管理團隊的同事好心地問我，可不可以給收集到最多手套的班級舉辦披薩派對。我正處於歡欣慶祝的情緒中，於是就同意了。事後，我才想到，我剛剛把一個成功帶來內在榮譽與成就感的活動，變成了提供外在獎勵的活動。本來是鼓勵大家為別人做善事，內在會產生溫暖的榮譽感，我卻把獎勵從分享手套變成了吃披薩。

我就像許多家長，好心好意地提供獎勵，卻沒有想到這樣做對於意志技能可能造成的反效果。畢竟，良性競爭聽起來很激勵人心，我們可能因此獲得更多的手套。但是到頭來，卻剝奪了孩子體驗無所求的付出所帶來的滿足感。習慣為了外在獎勵而表現自己的孩子，可能無法發展內在動機或心流（flow，編按：將心力完全投注於事務當中，沉浸其中而感到滿足），無法達到創新與突破，尤其是面對困難任務的時候。同樣重要的，如果他們缺乏內在動機，他們將永遠無法體驗無所求的付出所帶來的深刻滿足和快樂，無論是興趣、關係或事業。

我們很容易合理化外在獎勵，尤其是在親職的困難時期：任何能夠讓孩子聽話照做的方法都像是好方法。但是，企業和社會科學都告訴我們可能造成的不良後果，我們應該擔心獎勵的累積效果可能破壞孩子發展意志技能的基礎。

意志力的發展里程碑

那麼，幼兒的意志是什麼樣子的呢？如果你停下來想一想，幼兒時期其實「充滿」了意志的表現，因為意志是讓幼兒決心一試再試的驅動力量。例如嬰兒，他們花了好幾個月，甚至幾年，堅持咿咿呀呀、牙牙學語，模仿大人說話，終於達到開口說話的目標，直到別人能夠了解他們、可以有效溝通。當然我們也看到兩歲孩子堅持自己穿衣服，或堅持自己刷牙，這種一切「自己來」的決心，顯然表現了他的意志。

討論意志技能，一定要提到深具啟發的經典兒童書《小火車做到了！》（*The Little Engine That Could*，正體中文版由小天下出版）(9)。小火車頭一開始說：「我想我可以，我想我可以，我想我可以。」到後來發現：「我就知道我可以，我就知道我可以，我就知道我可以。」小火車頭充滿了成就感。我們正希望自己的孩子能夠以小火車頭為榜樣。但是，我們必須提醒大家，在今日的親職世界裡，家長用不同的態度對待孩子，小火車頭也很可能產生不同的思維。我最近在臉書上分享了一幅卡通，生動地刻畫出這個現象。小火車頭閒置著卡在山下上不去，它沒有說：「我想我可以。」而是說：「幫我推！……媽！……呃？我還在等你喔！」標題是：「家長代勞一切的小火車頭」。(10)

發展意志技能：有志者事竟成

好消息來了：我們可以改變和孩子互動的方式，不用大量依賴「如果你……就可以……」的交易策略，像是讓孩子為了 M&M's 巧克力而願意尿尿。如果家裡有意志堅強的孩子，我最常用來安撫家長的方式就是提醒他們，如果運用以下這些經過審慎思考、有建設性的方式養育孩子，三歲時因自信和堅決而充滿挑戰的孩子，長大後，他的自信和堅持將成為他的資產。

好好想一想長期的親職目標，你希望孩子成為哪一種「小火車頭」呢？你可以開始更有意地建構強有力的基礎，培養孩子的意志技能。最後，我們知道，**如果孩子從小學習自我動機所需要的意志技能，知道如何設定並達成目標，未來生活將會更好**(11)。我們也知道，一般而言，胡蘿蔔不是拿來掛在孩子面前的，而是放在盤子上吃的；棍子還是就留在戶外，好好當它的樹枝，讓過路人欣賞。

討論協助孩子發展意志技能的活動之前，讓我先承認，幾乎不可能完全避免獎勵和懲罰。不用責備自己偶爾給孩子一張貼紙、允許他晚一點上床睡覺，甚至發一些糖果。關鍵就像其他許多生活事務一樣，需要適量。如果你決心控制發生頻率，就不大會剝奪孩子培養自我動機、決心或毅力的機會。只有變成固定親職模式時，才會開始侵蝕這個氣技能。

記住上述這些話之後，以下是你可以使用的關鍵策略，強化和支持孩子的意志技能：

- **避免談條件的親職手段**。我們已經知道，長期使用外在獎勵可能降低孩子的動機（或是使孩子依賴外在獎勵）。孩子表現好的時候，盡量不要用外在獎勵嘉獎孩子。我並不是說，不要慶祝孩子表現好。只是明智一點的做法，是避免把每一個任務變成「如果你……就可以……」的交換條件。讓孩子對於自己的「工作」的內在動機與驕傲，成為你慶祝的焦點。支持與肯定孩子，協助孩子認識感覺到成就感，你可以說：「我很高興看到你的努力」、「你一定感到很驕傲」。長期下來，你的支持與肯定並會比糖果更能建構意志技能。
- **以身教示範自我動機的行為**。諾貝爾經濟學獎得主詹姆士・海克曼（James Heckman）說：「動機導致動機[12]。」同樣的，研究職場生活的作家艾倫・葛林司基

（Ellen Galinsky）在她的書《發展中的腦》（*Mind in the Making*）中強調，成人經由自己的自我動機來培育孩子的自我動機[13]。以實務面而言，要讓孩子看到你參與自己喜歡的活動，看到你從中得到滿足（而不是只為了得到獎勵而做事）。你也必須讓孩子看到你堅持完成任務，做事有始有終，即使這個任務已經變得無聊、挫折、比原來更費心力了。

• **抗拒介入**。我們知道意志技能需要自我動機，也需要堅持。這意味著我們需要給孩子機會自己嘗試，也要給孩子時間堅持完成目標。無論是六個月大的孩子伸手、爬行、嘗試翻身拿一個搆不到的玩具，九個月大的孩子試圖抓住東西站起來，或是三歲孩子堅持一切「自己來」，我們都要了解驅動這些行為的意志。當孩子堅持自己使用湯匙，並且弄得桌上一塌糊塗的時候，強制自己不要自動開始餵他。當幼兒試著用正常杯子喝水的時候，不要因為擔心打翻而回頭使用不會打翻的嬰兒杯。雖然弄得亂七八糟，也要看到他的意志。也就是說，盡量讓孩子自己搞清楚怎麼操作新事物。

即使是小小的任務，也需要很多的堅持，才不會覺得無聊或放棄。我經常問家長這個問題：「是誰在開車？」讓家長看到他們允許孩子擁有過多的控制了（例如讓孩子亂發脾氣，吵著要吃巧克力餅乾當晚餐）。但是，在提倡孩子自我動機這一塊，我們也需要想一想，我們是否習於太快的把方向盤搶過來，孩子還沒有機會運用自己的驅動力量呢。

- **知道偶爾會有意志對決**。幼兒發展自我意識，並越來越使用意志技能時，當然偶爾會和別人產生衝突。事實上，把一群幼兒放在一起，分享玩具，每個人都想要得到自己想要的東西，不可避免的一定會有些小小的摩擦。一般而言，衝突來自幼兒尚未完全掌握我技能（自我控制）和我們技能（關係、同理心），因此無法充分調節自己出於意志的競爭行為。我們必須記住，讓幼兒拒絕輪流等待或不肯歸還玩具的那股驅動力和決心，一旦受到更好的控制，以更有建設性的方式呈現出來，將會成為孩子未來成功的資糧。

- **為堅持列出優先順序**。孩子面對困難任務時所展現的不放棄、努力和堅持，如果合乎該年齡應有的表現，那麼就值得提倡並肯定。讓孩子知道你欣賞他們能夠幫忙做或完成單調的任務（例如收拾房間）。要知道，年紀小的孩子注意力較短。有時候，對年紀比較大的孩子來說像是放棄的行為，對幼兒來說其實已經很努力，表現已經很棒了。例如，如果兩歲幼兒花了半小時試圖搭建積木高塔，而不是只堅持五分鐘，就已經值得慶祝了！

當然，在某個時刻，讓他們停下來或者幫他們是沒關係的。但是你可能會很驚訝，只要給孩子機會與支持，他們其實可以學會堅持，獲得成功，並且因為自己的堅持不懈而感覺良好。

- **給他們玩益智遊戲**。哈洛、戴西及其他研究者都用益智遊戲來測試內在動機，這絕非巧合。而受試者解開謎題的唯一獎勵就是過程以及完成後的滿足感。如果讓他們自己來，即使是很小的孩子都很會解決問題。你可以找到適合幼兒和學前兒童的各種益智遊戲，從只有幾片的大拼圖到基本的益智電玩都有。雖然一開始的時候，你可能必須鼓勵孩子嘗試，或是親自示範怎麼玩，但是他們很快就會玩了。
- **慢慢來**。我們常常在無意間讓孩子看到，我們其實喜歡速成而不想努力（尤其是需要努力很久的話）。一急起來，我們寧可幫他們綁鞋帶，也不願意讓他們自己東弄西弄，花了好長一段時間才綁好。顯然，當我們需要趕到某個地方，或是很快的完成任務時，我們必須加速過程。但是任何時候，只要可能的話，就給孩子一些時間，嘗試努力，最後完成任務。孩子需要時間才能發展意志。

- **提倡練習**。要記住這個笑話：一個初到紐約的旅人迷路了，他問遇到的一位紐約人：「要怎麼到卡內基音樂廳（Carnegie Hall）呢？」這位紐約人回答說：「練習，練習，再練習！」有時候，反覆練習好像很無聊、重複、看似沒有盡頭，但是，練習是讓幼兒發展意志基礎的好方法。無論他們練習什麼都無妨，只要他們能堅持一段時間就好了。
- **給他們目標**。如果毅力包括了下定決心達成長期目標，那麼，我們就應該協助孩子學習並選擇長期目標。長期目標可以是孩子從很早就開始發展的自然發育技巧，例如他們很想學會走路，會一直試、一直試，直到學會。或是年紀大一點了，學習閱讀、玩團隊遊戲、益智遊戲競賽。一開始設定容易達成的目標，但是別停在這裡。協助孩子逐漸設立需要更多時間、努力與堅持才能達成的目標。
- **找到熱情**。如果這個任務跟孩子所愛的東西有關，他們就更有動機、更決心要接受這個任務，更願意設定延展目標（編按：超出一般能力所及的目標）。對於剛剛學會翻身的嬰兒，搆不著的玩具可能正是他的動機。我的兒子幼年時期（一直到八歲左右）的動機（也就是熱情）是大象。

他是一個很活潑的幼兒，但是他可以長時間（幾小時）的聽故事……只要書裡有出現大象。還好，大象不需要是書中的主角。我很快就成為專家，很會找書裡有大象的童書。我敢打賭你不知道《月亮，晚安》（*Goodnight Moon*，正體中文版由上誼文化出版）裡面有大象(14)！同樣的，他也願意自己穿衣服，只要衣服上有大象的圖案。你懂的。

第八章 「QI」技能五：扭動

運用扭動的力量

有創造力的思想家會嘗試新事物，隨著世界改變而改變。

——伊蓮．當登（Elaine Dundon），《創新的種子：培育協同以創造新點子》（*The Seeds of Innovation: Cultivating the Synergy That Fosters New Ideas*）

我最近坐下來看晨間新聞，掌握最新消息。第一個故事是佛羅里達州某個城鎮的家長正在示威，抗議地方小學取消下課時間。悲哀的是，這種事情並不是第一次發生。很多學校努力要追上嚴苛的全國學力標準，只好刪減下課時間，以便增加上課時間。令我無法相信的是第二個新聞：越來越多公司採取邊走路邊開會的策略，並將工作桌與跑步機結合，以提升員工的運動量。主播提到，現在的雇主越來越覺察到，讓員工站起來動一動，對於整體健康和產能都有莫大的好處，公司因此引進務實的解決策略，鼓勵員工動一動。這兩個新聞都不是新鮮事了。事實上，二〇一三年，矽谷的知名企業創新家尼洛佛・莫琴特（Nilofer Merchant）發表了一則TED演講，題目是〈要開會嗎？邊走邊談吧！〉(1)（已有超過兩百萬人看過了）。不久之後，她在《哈佛商業評論》上發表了一篇文章，標題帶有警示意味的寫著：〈坐著等於是我們這一代的抽菸〉（Sitting Is the Smoking of Our Generation）(2)。

真的嗎？一方面取消兒童課程裡的身體活動時間，一方面努力把運動引入職場，二者之間嚴重失調。我發現自己很嘲諷的想著，或許雇主可以利用公司附近的小學操場，讓員工有機會動一動。畢竟，全美各地都在刪減下課時間，照這樣下去，學校運動設備很快就會被棄置不用，剛好可以借給企業用了。比較不那麼悲觀的想法是，這個矛盾說服了我，我們現在應該仔細看看，我們在兒童小時候做了（或是沒做）什麼，以鼓勵他們起來動一動呢？這不只是為了改善他們的健康，也是改善他們的學習和未來的產能。

當然，這就要提到第四項氣技能了：**扭動（Wiggle）**。兒童天生就愛扭動玩耍，這是他們探索世界、學習的方式。

扭動是什麼？

扭動技能所描述的正如同「扭動」的字面意義：肢體動起來，活動，一直處於運動中。移動與身體活動是扭動很重要的一部分，但也只是一部分而已。要了解扭動技能的概念，就要了解：「扭動」包括身體和心智上的活動。從出生開始，孩子就有能力活動身體、探索世界，這不只對他們的身體健康和發育很重要，對於認知發展、學習、能將天生的好奇心付諸行動來說也很重要。

你很難不同意兒童是經由遊戲來學習的。從嬰兒時期、幼兒時期到之後，遊戲意味著很多的動作——搖動玩具、堆疊積木、打翻積木、撿起玩具、放下玩具、丟球、打開抽屜、關上抽屜、爬行、扶著東西走動、爬高、拉著東西站起來，以及其他無數的活動，他們很少靜靜坐著。只要有機會，兒童的整個童年大概都在不停的扭動。

愛因斯坦曾說：「遊戲是最高級的研究。」兒童是積極遊戲的專家，家長的任務就是提供他們許多機會盡量活動，而不是壓制他們天生的扭動傾向。因此，我們必須重新定義幼兒時期這種不斷活動、坐不住的現象：這是我們應該欣賞、鼓勵和培育的終身技能。

世界如何看待扭動

如果「學習與行動一體」的概念還有一點抽象的話，花一點時間想一想，我們是不是經常使用與動作有關的字眼來描述想法、目標和認知功能呢？

我們欣賞能夠朝正確方向「一小步一小步」的進展，或是「跨出一大步」的人；我們了解不管在概念上和身體上都需要可以「扭動」的空間；我們積極鼓勵別人設定「延伸」目標，並勇於「伸手」摘星。我們欣賞成功創業家的做事「快速有效率」，形容他們是「一刻不得閒」。我們認為有「登高一呼」的號召力的人能夠完成任務。我們重視「機靈」（能輕鬆快速地行動）的價值。我們喜歡可以「快速」一再表達的人。我們幫「採取行動」的人歡呼。我們也喜歡「積極」聆聽的人。

簡單地說，如果我們談到身體與心智活動的時候，選用的詞彙有任何意義的話，顯然在成人世界與職場上，我們都很看重扭動技能。

心智與動作的連結

一般人認為，是十九世紀哲學家亨利．大衛．梭羅（Henry David Thoreau）首次將心智與動作做出連結。他說過：「我認為當我的腿開始動的時候，我的思考就開始流動了(3)。」在六零年代，研究者開始更具體的觀察身體健康和認知任務的表現之間的連結。自從九零年代開始，研究者開始有證據支持這個信念，身體的活動不但會改善身體健康，也會提升思考能力，思考更為清晰，也更有創造力。例如，二〇一四年，一項史丹佛大學的研究發現，走路可以提升60％的創造力。(4)

哈佛精神科醫師兼暢銷書作者約翰．瑞提（John Ratey）的大部分職業生涯都用來研究心智與動作之間的連結，他**發現身體動作不但讓身體健康，還包括一連串益處**，讓學習者事先做好準備：**改善我技能（衝動控制、行為和注意力）和意志技能（動機）、改善情緒、控制焦慮、提升自尊心**。只要運動或是簡單起來動一動，就可以獲得這些好處。

身體活動究竟是如何提升腦力的，我們還不完全清楚，但是很多人對此感到興趣與好奇。二〇一五年，瑞士研究者在《大腦可塑性》（*Brain Plasticity*）期刊發表一項研究，發現有跑滾輪的老鼠發育出來的新神經細胞數量是一般老鼠的兩倍，之後在認知測驗上的表現也比較好[5]。其他研究發現，離開電腦，動一動身體，例如去散步，可以補充能量，等你回到工作崗位的時候，有助於改善聚焦、專注、創造力和產能。[6]

事實上，雖然關於身體與腦部的複雜連結的諸多研究還只是起步，但是發展卻很快。我們已經清楚，有氧活動對認知與腦部功能在分子、細胞、系統和行為的層面都有正面影響[7]。在孩子最小的時候就開始讓他們發展扭動技能，可以創造用身體去活動、學習和發掘的終身習慣。

一面工作一面扭動

今日的企業和創新者已經開始把這些研究結果落實在工作中了。他們正引進許多可建構扭動技能的活動，並深受歡迎，散步會議和跑步機辦公桌只是其中兩項而已。即使是新公司設置的桌球、撞球以及其他桌上遊戲，也能提升創造力和產能，而不是阻礙。

哈佛商學院教授克雷頓・克里斯汀生（Clayton Christensen）在他的書《5個技巧，簡單學創新》（*The Innovator's DNA*，正體中文版由天下雜誌出版）中指出，創新者很少坐著不動。他指出身體與心智活動之間的關聯性：「實驗者不斷在心智和體驗上探索世界，把既定成見放在一旁，同時也測試各種假設。他們會去新的地方、嘗試新的事物、尋找新的資訊、做實驗以學習新知（8）。」也就是說，創新者的共通性就是一直在調查四周的世界——如果不能動的話，就很難做到這一點。對於嬰幼兒來說，也是如此。

這一切造就了動能越來越大的全面扭動運動，越來越多雇主認為身體活動可以提升員工的聚焦、專注、創造力和能量，改善產能。有了這些洞見，我們看到各種職場環境為員工設置健身器材；主管和員工一起參與散步會議；員工福利包括健身房會員資格；提供員工免費或打折的運動記錄器；員工訓練和高層主管發展計畫都涵蓋身體鍛鍊，應該也不會感到意外了。更不要說，越來越多的公司取消了員工辦公桌的小隔間，採取開放式的大辦公室，讓員工可以到處移動，更容易「撞見」彼此，進行面對面的合作。大家不再整天坐在桌子前面。至少比較前衛的公司了解扭動的價值，便會如此安排。我們也經常看到，開會的時候，會議桌上刻意擺了一些彩色的小玩具或小東西，讓與會者可以丟、疊、玩、弄。這些「操作型物件」被放在那裡，不是單純為了娛樂或讓人分心，而是試圖讓與會者積極參與會議。當他們的身體一直在動的時候，創意就會源源不絕。

扭動的別名

現在，花一點時間想一想，我們經常用哪些詞來形容活潑好動的小孩。我們會說「亂動」、「躁動」、「坐不住」。我最近學會一個意第緒語（譯註：猶太人的語言）的詞：shpilkes，意思就是「褲子裡有螞蟻」，指一個人坐不住。這個詞正好可以用來描述我們眼中的幼兒，衝動的到處亂跑、探索一切、碰觸新的東西、嘗試各種新的方法和四周的世界互動。大部分的時候，家長會指著渾身精力無窮的孩子說：「你就不能好好坐下來一秒鐘嗎？你褲子裡有螞蟻嗎？」

相對而言，二十一世紀的成人世界已經在擁抱扭動技能了，親職世界卻仍然認為不斷扭動的孩子需要被設限、控制、管教。也就是說，當我們說幼兒一直動的時候，言下之意往往是不苟同的。承認吧，你大概不會聽到家長憂心的說：「但願我的孩子更好動。」或是很驕傲的炫耀孩子又更會亂動了。甚至 shpilkes 的兩個定義「沒耐性」、「好動」也都有負面意涵。

我們已經接受了「行為良好的孩子」就是冷靜、安靜的孩子，坐得好好的，不會伸手抓、碰、搶、戳或亂弄東西。我們不認為自由、積極的遊戲是三歲孩子的工作，我們誤以為「工作」一定要「坐著」才算。我們認為需要熄滅動來動去的能量火花，就像把勁量兔裡的電池拿出來一樣。

大家用這種態度對待扭動技能，也難怪某些家長會由此延伸，做出阻礙孩子及早發展扭動技能的親職行為。

扭動的限制

那麼，孩子及早發展扭動技能會遇到的阻礙（除了我們的態度之外）是什麼呢？今日的兒童最常遇到的阻礙就是我們的「綑綁」心態。想一下我們在孩子的童年早期用來綁住他們或約束他們的器具：汽車安全椅、嬰兒推車、安撫搖椅、固定活動中心、嬰兒背巾、嬰兒搖床、高腳椅、成長型安全座椅，還有好多其他器具。

身為小兒科醫師和母親，周旋在三個年紀相當接近的孩子之間，我必須說，這些器具都很實用，更重要的是，都提供兒童安全，以及安撫、餵食、交通、遊戲和保護的功能。我承認，如果沒有這些器具，我根本無法安然度過那些年。

我怕的是我們過度使用束縛，讓自己坐下來休息，過度依賴這些器具，把嬰幼兒從一個束縛換到另一個束縛的器具裡。結果就是，他們很少有機會翻滾、挪移、爬行。幼兒很少有時間蹣跚而行（搖晃），學前兒童積極遊戲、探索和發掘的時間更少。我們在親職工作中廣泛運用綑綁手段，限制了兒童到處移動、練習扭動技能和其它氣技能的機會。一開始，這些器具只是務實的必需品，卻可能變成了家長求方便的替代品。例如，當我們準備晚餐時，把嬰兒綁在搖搖椅或高腳椅上，而不願把他們放在地墊或毯子上；我們用嬰兒車帶著小孩到處走，方便又快速，但其實他早已經可以自己走路了。

這些限制很早就教會孩子被動地看著世界運轉，因為他們沒有機會參與。三個月大的孩子要從一個地方移動到另一個地方時，當然別無選擇，只能用抱的或坐嬰兒車。但是三歲大的孩子可以自己走了，並不是別無選擇。如果兒童總是被限制住，很少有機會使用他們的腿、用身體扭動、和環境互動，扭動技能就有可能發展遲緩。不用多說，這種綑綁心態也會大大影響孩子未來的身體健康。

很不幸的，我們沒看到社會提供學前兒童大量機會扭動。過去將近十年，我經營一家私立幼兒園，我可以說，即使是管理很好的教室也沒有足夠的時間和空間讓孩子扭動。

該扭動了

如果你擔心刪減小學的下課時間會讓孩子扭動不足的話，請看看華盛頓大學（Washington University）關於學前兒童的研究。受試者一天當中積極遊戲的時間只佔12%，兒童每天平均只在戶外玩半個小時(9)。午睡則佔了幾乎三分之一的時間，其他的時間裡，這些學前兒童都在吃飯或做其他靜態活動。

坐好，聽話

不久之前，一位新手媽媽跟我說，當她為八個月大的寶寶說故事時，發現寶寶不再只是想嚼書了，因此覺得非常興奮。寶寶開始坐在她懷裡，一邊聽她說故事，一邊看著書頁。她甚至可以一次唸好幾本書呢！我一向熱愛朗讀給孩子聽——尤其愛每晚讀給我自己的孩子聽——我完全可以理解她的興奮。

但是，她的話也喚起了我所強烈關注的另一件事：為什麼我們都認為閱讀必須是靜態活動？根據我們所知關於扭動的一切，為什麼我們會期待一個殷殷切切、一心想要學習的孩子，就一定得坐在地毯的固定一角，盤好雙腿，一動不動呢？為什麼期待他們聽故事的時候不會亂動或扭動呢？或者不會把書放進嘴裡呢？我們已經相信安靜坐著是孩子吸收故事的唯一方式了，這完全不是這位母親或任何家長的錯。但是請花一點時間想一想，幼兒多麼需要扭動。如果你堅持孩子不坐好就不唸故事給他聽的話，可能會有反效果。

我甚至認為，玩書、咬書是閱讀的前身。為了熟習一項技巧，孩子首先必須產生興趣、好奇、參與。對於嬰兒，這意味著他們用自己的扭動工具，也就是他們的嘴和手，來探索一切。從這個角度看，咀嚼書的一角也就可以視為閱讀的前置作業了。從這裡，幼兒學習握著書、翻頁；然後發現每一頁上面有文字。很快的，他們會明白這些書頁上面是有故事的，而且，有一天他們可以自己讀故事。很幸運地，有人發明了耐用的硬頁書，我們可以、也應該自在地讓嬰兒用他們天生俱備的扭動方式盡情玩弄、探索書本。

我的孩子還小的時候，我每年讀了好幾百本書給他們聽，但是並不表示他們一直乖乖的坐在我腿上，一動也不動，看著我翻過一頁又一頁。他們常常一面玩、爬行、畫著色畫，或是在旁邊扭動——讓他們可以聽得更久一點的安靜活動——一面聽我唸故事。他們會停下手中的事情，轉而注意書裡的圖畫。我知道他們在玩耍的同時，也在吸收書裡的詞彙和故事，而且還能像好好坐著聽故事一樣地享受（或更享受）我們一起閱讀的時光。

從哪裡開始扭動呢？

每一位家長都會發現，幼兒天生想要移動和探索、碰觸新東西、嘗試各種方式，用身體和世界互動。這股衝動常常讓我們整天擔心不已，尤其是新手父母的頭幾年。扭動的能力和欲望開始得非常早。胎兒在母體裡不時的踢、戳、扭、轉，提醒母親（以及任何曾經把手放在孕婦肚皮上的人），他們迫不及待地想要脫離擁擠的子宮，開始探索世界了。

一旦出生，新生兒也會用驚人的方式展現扭動天分。幾個小時內，被放在母親胸前的新生兒就能顯示意志和扭動的能力，找到母親的奶頭吸奶。八零年代後期，瑞典研究者首先觀察到這個驚人的新生兒扭動技能。後來，我的小兒科導師約翰．肯耐爾（John Kennel）與他的同事馬歇爾．克勞斯（Marshall Klaus）也觀察到了扭動的天性。他們注意到新生兒「爬向乳房的動作和各種感官、中央、運動與神經內分泌的元素相關，全部直接或間接的協助嬰兒移動，提升他在新世界的存活率。」(10)

到了七零年代後期，國際知名的嬰兒腦部研究者安德魯．梅爾佐夫（Andrew Meltzoff）也發現了嬰兒結合扭動與我們技能的驚人（而且可愛）能力——當成人對嬰兒吐舌頭的時候，嬰兒也會跟著吐舌頭[11]。這個簡單的肢體模仿動作不但讓驕傲的新手爸媽既驚訝又開心，同時也讓我們看到，嬰兒（和他們的腦）對社會刺激多麼會做出回應與互動。他們從出生的第一天開始，就在母體外面的世界學習扭動了。

天生就要扭動

現在我們有科學研究證據顯示嬰兒有趣的扭動能力，這是我們肉眼不見得能看到的，除非你有嬰兒腦部科學家的眼睛，同時擁有強大的腦部顯像科技。九零年代後期，義大利研究者用電極觀察猴子的腦部活動，是史上首度聚焦在一種特別的腦細胞上，稱為鏡像神經元（mirror neuron）。人類也有這種腦細胞。這些腦細胞很有意思，不但在個人做出某種動作時會發射電流，看到「別人」做出同樣動作，也會發射電流。[12]

把這個概念和學習語言的我們技能連結在一起，派翠西亞・克爾醫師（Patricia Kuhl）——你可能還記得我們在〈為什麼要早？〉這一章提到，她在西雅圖的華盛頓大學的學習與腦科學學院研究早期語言與腦部——進行了一個里程碑研究，發現嬰兒在身體能夠執行一些動作的很早之前，其實就在腦子裡「練習動作」了。克爾一面讓嬰兒看到並聽到某個人說話，一面使用尖端的神經造影科技，觀察嬰兒的腦部活動。腦部有一個區域負責說話所需要的動作。她發現嬰兒只要聽到成人說話，腦部的這個區域就會被　動。這時的嬰兒自己都還不會咿咿啊啊發出聲音、牙牙學語或掌握說話的動作呢。這項嬰兒腦部研究告訴我們，嬰兒不但天生會扭動，而且有很好的原因讓他們這麼做。

扭動的里程碑

接著讓我們談談扭動的實際動作，也就是童年早期的標準「動作里程碑」，大部分父母都能清楚辨認出來。即便在出生前，嬰兒在子宮裡就已經會扭動了。嬰兒扭動，發現自己的手和腳。幼兒整天不停的扭動。我們可以看到他們天生動個不停。我們已經接觸到許多資訊，了解正常發育的「好動」是什麼樣子。這些都是扭動技能的關鍵元素，值得花一些時間，檢視從出生以後，重要動作里程碑的典型時間軸：

- **新生兒：**嬰兒天生就有各種非自主反射動作。除了基本動作之外，新生兒不太能刻意控制自己的動作。儘管如此，有些嬰兒還是能夠稍稍抬起頭來，看看四周。很快的，他們的肌力越來越強，可以移動得更多了。

- **兩個月：**還沒有許多明顯的持續動作。兩個月大的嬰兒通常可以抬頭了，趴著的時候開始撐起上身。手臂和腿的動作較為平順自主，因為開始可以控制非自主反射動作了。
- **四個月：**這個年紀的嬰兒開始控制自己的動作。四個月大的嬰兒會伸出一隻手拿玩具，協調眼手動作，穩定的抬高頭部。趴著的時候，可以用手肘支撐身體。腳踩堅硬表面時，雙腿可以向下施力，準備搖晃身體，再來很快就可以翻身了。
- **六個月：**六個月大的嬰兒開始用身體表現出對事物的好奇心。他們會努力拿到搆不著的東西，掌握左右翻身的技巧，開始不用支撐就可以坐著，甚至開始用雙腿支撐自己的體重。有人扶著站立時，可以彈跳。有些六個月大的孩子已經開始前後搖動，甚至開始往前和往後爬行了。
- **九個月：**「準備動身！」嬰兒開始拉著東西站起來，扶著東西站立和爬行（用各種有創意的方式）。精細運動技能也開始出現。九個月大的嬰兒能夠用拇指和食指夾起東西（俗稱螃蟹夾），因此越來越有能力探索，也導致把東西放進嘴裡。有些九到十二個月的嬰兒開始嘗試走路了。

- **十二個月：**這個年紀的探索通常會用到他們擅長的搖動、敲打和丟東西的本事。一歲孩童通常無需協助就可以坐起來，甚至無需扶著就能走幾步了。
- **十八個月：**一歲半的孩子已經算是幼兒了，走路越來越穩。有些孩子甚至可以上階梯或是奔跑了。
- **兩歲：**兩歲幼兒很喜歡跑來跑去，積極尋找東西（甚至是藏起來的東西），爬高，上下樓梯（握著扶手）。
- **三歲：**三歲孩子很忙。他們會忙著探索書本、益智遊戲和積木。學習操作有按鈕、控制桿和活動零件的玩具。很會爬高了，也很會跑，可以一次一隻腳的上下樓梯，動作很順。
- **四、五歲：**現在可以雙腳跳、單腳跳、踢腿、轉圈圈、丟球接球、往前往後、往上往下的移動，肢體越來越靈活。學前幼兒已經準備好，可以進行各種肢體和認知的活動了。

開始扭動吧！

就像大部分氣技能一樣，想要發展孩子的扭動技能，其實更需要給他們足夠的空間、時間和鼓勵，而不那麼需要積極敦促。只要不干涉孩子，即使是新生兒都可以自然的練習扭動技能。他們天生就會扭動。嬰兒的扭動很快的會進展為更積極、更刻意的動作，像是翻身、挪移、爬行、扶著東西走動、獨立走路和奔跑。

我們需要了解，幼兒和成人一樣，活動的時候更能吸收知識、發展強有力的氣技能。當然，為了讓孩子有更多的扭動，我們必須花更多心力和時間，確保環境夠安全，還要監督孩子，但是長期下來絕對值得。身為家長的我們不是努力讓孩子扭動，而是協助他們讓扭動自然發生。以下是一些可以協助孩子的方法：

1. **看到扭動行為的時候要能認同**。確實很簡單，當你明白肢體和認知上的學習是一體的，就是往協助孩子發展重要扭動技能的正確方向邁出一大步了。現在你知道要期待什麼，就會懂得欣賞孩子早期嘗試扭動的努力。例如嬰兒發現了自己的手，首次伸手想拿掛在頭上的玩具。對他、對你而言，這些舉動都很有趣。我們比較會去欣賞這些早期扭動，但是當孩子越來越有活動能力，越來越搗蛋，讓你整天疲於奔命的時候，一定要持續提醒自己扭動的價值。

2. **謹慎使用包覆**。包覆就是指把嬰兒用毯子或布巾包住。雖然做法有所不同，但是一般都會緊緊裹住手臂、腿和整個身體，讓嬰兒無法靠著天生的扭動本能掙扎出來。把嬰兒包覆起來是一個很普遍的策略，可以安撫嬰兒，讓他們睡得安穩，催眠效果確實很好。但是要小心，這也會限制嬰兒的扭動。現在你已經熟悉扭動的好處，當嬰兒清醒活動的時候，不要去壓抑嬰兒的扭動，免得原本用來安撫嬰兒和改善睡眠的包覆策略變成被過度使用的簡便方法，進而限制了嬰兒的扭動。在日間，不要單單靠著包覆來安撫嬰兒，你可以改採其他有效的方法，例如唱歌或搖一搖孩子。只有在夜間睡覺時才包覆嬰兒。

3. **找時間讓孩子趴著**。你可能知道趴著可以避免孩子頭形變扁。如果孩子經常仰躺，頭部就可能被壓扁了。趴著對扭動也十分重要，嬰兒的趴姿正適合讓他扭動。當嬰兒還不會翻身、坐起來或爬行時，如果清醒時趴著，就有機會動一動，可以強化頭部、頸部和身體肌肉，同時讓他用新的視野看四周世界。你可以騰出一點時間讓孩子趴著，協助他進行早期的探索。最好你也趴下來，和寶寶面對面的互動。找機會讓寶寶在家裡各個地方，甚至在戶外趴著（如果天氣和地點合適的話）。

4.創造許多扭動空間。若要孩子在家中或他待著的任何地方都很安全，你就必須排除環境中可能對兒童造成危險的因素。如果空間對孩子是安全的，家長就更能安心讓孩子移動、自由探索了。找到和創造安全的空間，讓孩子自由探索，不但對扭動很重要，你很快會發現，對之後的搖晃也很重要。不要認為櫥櫃鎖頭、兒童柵欄和插座保護蓋是在限制孩子，這些安全機制讓孩子可以擁有「更多」自由與安全扭動的空間。

5.允許一面扭動一面閱讀。對於很難坐得住的孩子——大部分的幼兒都坐不住——我們其實有很多方法讓他們積極參與閱讀。例如，讀有「互動」的書（〈附錄一〉提供了一些書目），你一面唸，一面讓孩子站起來做動作，模仿書裡的動作，例如可以讀《青蛙跳一跳！》（*Jump, Frog, Jump!*）(13)和《公車上的輪子》（*The Wheels on the Bus*）(14)。對於其他孩子（包括我的三個孩子），只要可以安靜地玩拼圖、畫著色畫、串珠珠或任何其他適合他的年紀的操作性活動，就足夠讓他們聽故事，強化他們的專注力，同時提供他們機會扭動一下了。

6.注意自己是否不知不覺的禁止扭動。既然我們已經知道扭動的各種益處，在我們決定不讓孩子站起來、移動、跑來跑去之前，應該三思。想一想，有時候，因為學前幼兒坐不住，在教室裡不專心，老師就不讓他去戶外玩耍。很不幸的，喜歡動來動去的孩子經常受到限制活動的處罰，而實情卻是，他們若是有機會動一動，聚焦和專注的能力才會改善。

7. 自由奔跑。從幼兒學會加速之後，父母就一直叫他們「不要跑！」這句話以前只用在「必要的」場合（例如地上有碎玻璃、街上車子多，以及其他奔跑可能導致危險的情況）。沒有清楚合理的原因時，若是經常使用這句常見的親職命令，對於我們希望孩子一路扭向成功的目標會有反效果。只要環境安全，就讓他們自由奔跑！身為母親、兒童照顧中心經營者、小兒科醫師，我看過許多孩子絆倒跌跤造成的膝蓋擦傷和嘴唇傷口。即便如此，讓他們奔跑的好處還是遠勝於潛在的危險（大部分時候，用一些溫柔的愛和OK繃就可以神奇的修復了）。他們會從很小的年紀就學到，如何用新的、有建設性的方式使用他們的身體，發掘身體可以如何移動、快速改變方向，發展出一大堆技巧，之後他們才會有能力使用更高階的扭動技能，例如各種運動和其他體能活動。

8. 探索大自然。無論是玩耍、奔跑、在大自然裡散步，或是簡單的收集樹枝、松果或樹葉，只要到戶外去，就有無數機會同時移動、學習、探索世界。

9. 注意捆綁的誘惑。想一想孩子花多少時間被綁在安全椅、嬰兒車、安撫搖椅、高腳椅或其他限制孩子活動的設備。這些捆綁是要付出代價的，會限制了孩子最初、最基本的移動與探索的能力。沒有安全疑慮的時候，就不要捆綁孩子。也就是說，不要在家裡、嬰兒床上或兒童照顧中心用安全椅限制孩子。一旦孩子會走路了，就不要每次都用嬰兒推車帶他出門，花一些時間鼓勵他自己走。是的，有時候因為安全、時間或距離的關係，無法讓孩子自己走，但是請記得，機會是一點一滴慢慢累積，對於未來一定會有好的影響。

10. **改變你對學前階段的認知**。如果你對一個「完美」幼兒園教室的想像，向來是要平靜、安靜、守秩序，那麼希望你現在能夠改觀，認為幼兒園教室裡要加點扭動。雖然幼兒有時候需要安靜坐好，但是奔跑、跳躍和探索的時間同樣重要。好的幼兒園應該讓孩子有足夠機會體驗二者。

11. **盡情扭動**。玩一些活動量大的遊戲，例如：鴨鴨鵝、老師說、鬼抓人，這些遊戲可以很自然的鼓勵幼兒一邊學習一邊動起來。你應該還記得，這對於孩子學習許多其他氣技能也很有幫助，包括我技能、我們技能和搖晃技能。即使是小嬰兒和幼兒也能積極參與簡單的扭動遊戲，例如：唱一些歌詞搭配動作的歌曲，像是《做蛋糕》（Pat-a-Cake）、《頭兒肩膀膝腳趾》（Head, Shoulders, Knees, and Toes）、《小蜘蛛》（Itsy Bitsy Spider）。

第九章 「QI」技能六：搖晃

無法成功：養育注定失敗的孩子

許多人認為你需要減少冒險而得到穩定。但是很諷刺的是，在這個不斷改變的世界裡，減少冒險才是最危險的事情。

——雷德．霍夫曼（Reid Hoffman），《自創思維》

（*The Start-Up of You*）

一九七一年，孩之寶（Hasbro）玩具公司旗下的品牌兒樂寶（Playskool）推出了不倒翁（Weeble）娃娃。這個廣受歡迎的蛋形玩具底部較重，有各種不同的外形設計，其共通性是：可以任意推倒、翻轉、拋丟，它都會回到原來的站立姿勢。四十年多後的今天，孩之寶公司已經賣出過一百多種、幾百萬個不倒翁娃娃。這個經典玩具的廣告詞「怎麼搖晃都不會倒」已經銘刻在好幾代的孩子和家長腦海裡了[1]。不倒翁不斷跌倒、搖晃，卻一定又會站起來，成為這個玩具大受歡迎的原因之一。這種搖晃卻不會倒的能力正是本章所要談的氣技能：**搖晃技能**（Wobble）。

能夠搖晃卻保持站立，就象徵意義而言，代表著現代社會很重視的能力。簡單地說，我們需要勇於犯錯，超越我們目前的能力，試圖完成新的挑戰。在任何組織裡，在每一次的努力下，我們都比以往更需要大家願意嘗試所有新穎而大膽的點子，不怕犯錯、失敗，可以馬上站起來，比跌倒之前更有智慧、更有韌性。就像每個不倒翁底部的重量成為穩定它的錨，**每一個成人和兒童都需要搖晃的能力，擁有堅韌但是有彈性的基礎，協助他們擁抱失敗並重新站起來；探索、調整、發掘、創新。搖晃的能力也會促進其他基本氣技能的發展，尤其是我們在下一章會討論的如果技能**。

搖晃

雖然很多人記得不倒翁的廣告詞，也知道搖晃技能在理論上是個很好的概念，今天的許多家長卻無法將搖晃技能付諸實踐，無法允許太多或是任何的搖晃發生。身為家長，我們常常特別不願意看到很小的孩子搖晃。畢竟，理論上很好的概念一旦付諸實踐，當你看到你的幼兒搖搖晃晃、失去重心、最後一定會跌倒，的確讓人很不忍心（更別說歡迎它發生了）。我們無法真正體會搖晃是很有價值的技能，任由孩子或培養孩子很自然的願意嘗試搖晃、探索、跌倒、站起來、再一次嘗試。我們對現在的親職文化投降了——這個文化認為我們需要不計任何代價的保護孩子，在身心兩方面都不能讓孩子遇到任何失敗和不愉快。

身為小兒科醫師，我絕不會忽視幼兒時期預防受傷或減少殺傷力的重要性。腳踏車安全帽、汽車安全椅、讓嬰兒仰睡等等都是高度建議、極端重要的安全措施。毫無疑問的，我們必須持續執行這些安全措施，防止兒童遭遇到嚴重、可能危及生命、而且無法彌補的傷害。

但是我們同時也需要找到平衡。《孩子需要的9種福分》（*The Blessings of a Skinned Knee*，正體中文版由商周出版社出版）的作者，也是心理學家溫蒂·莫傑爾（Wendy Mogel）提出家長過度保護的警告，分享了某些父母努力過度，不讓孩子體驗絲毫的跌倒、擦傷或不舒服[2]。如果聽起來耳熟的話，請記得不倒翁娃娃，以取得平衡。是的，我們需要提供安全的環境，讓孩子在其中搖晃，但是我們同時也需要讓他們有機會及早且經常地失敗，讓失敗引導他們往前進。

在檢視如何辨認、欣賞和促進孩子最早的搖晃之前，讓我們先想一想，為什麼在二十一世紀，搖晃成為如此有價值的能力。

失敗的崛起

許多年以來，失敗就一直備受責難。學校、職場、科學、政治、運動領域都強調「做對」的價值，完全禁止失敗。一九九五年，電影《阿波羅十三號》（*Apollo 13*）的台詞「失敗不是一個選項」大受歡迎，因為它抓住了當時社會普遍的態度。結果就是我們越擅長逃避失敗，越會得到讚揚和獎勵。在這種狀況下，怪不得那麼多人害怕搞砸或是在別人眼中過於魯莽，因此不願意冒險、嘗試新的做法、接受新的挑戰、努力延伸任務。要在一個視搖晃為弱點的世界裡取得成功，我們自然會希望看起來直立而強壯，並且只好照章行事。

但是，我們知道，世界正在改變，而且改變得很快。大家越來越了解，失敗對於創新極為重要，如果你不允許自己失敗，你就無法創新。想要解決現代社會極為複雜的問題，失敗是唯一的方式。這是一個奇特而有意思的思潮，正在全球企業、創業、領導、創新界出現：領袖、主管、投資者、組織都極端重視擁抱失敗並從失敗中學習的能力，以及能夠這麼做的人。企業會問二十一世紀的求職者，過去有哪些失敗經驗。不像過去，雇主並不會將失敗視為求職者的汙點，而是優點——有些公司甚至視為必要條件——認為這些人已經有過失敗的經驗，已經做好準備，願意並可以面對挑戰。

當我們看看四周，到處都可以看到從「抬頭挺胸站好」到搖晃的價值改變。例如，谷歌公司的九項創新原則中，有兩項直接與失敗有關。原則五強調重複，鼓勵員工「及早、盡量」的多方嘗試，不要追求完美。原則八更為直接，「好好的失敗」。谷歌了解在創新和成功的過程中，失敗不應該被汙名化，應該將失敗視為榮譽，大家應該驕傲的失敗[3]。谷歌的人資長（每一位家長都應該擁有的頭銜）拉茲洛．博克（Laszlo Bock）在他的書《Google 超級用人學》（*Work Rules!*，譯註：原書名為雙關語，除了有「工作守則」的意思，也代表「工作第一！」）裡分享了谷歌的重要原則之一：經過思考的失敗將得到獎賞。[4]

高等教育也在跟著改變。申請大學的學生不再能夠只填寫自己得到的獎項、成績和成就，就能夠高枕無憂了。坐下來填寫大部分大學使用的標準申請表時，現在的申請者會發現自己有一個新的選項：「回想一個遭遇失敗的事件或時刻。你受到什麼影響？你學到了什麼？」一旦進入大學，他們甚至可能看到類似《失敗入門》的課程，這是一堂工科實驗課，要求學生冒險實驗，失敗越多次，越有機會得高分[5]。簡言之，失敗得到了正面形象，失敗的能力變成大家渴求的技能了。

義大利麵和棉花糖：測驗搖晃能力

想像一個房間，四或五個人一組，每一組前面的桌上有一顆很大的棉花糖、二十根沒煮過的義大利麵條、一碼繩子和一碼膠帶。每一組有十八分鐘，用這些材料做出能自我支撐的最高的塔。最後，把棉花糖放在塔上而不倒下來。在這種狀態下，一般會發生什麼事呢？你猜誰會贏？當然，在猜測之前，你可能會需要另外兩項重要資訊：比賽者是成人或小孩，如果是成人，他們的職業是什麼。

有趣的是，即使你知道參賽者的年紀和職業，還是可能猜錯。歐特克研究員（Autodesk Fellow）湯姆．烏傑克（Tom Wujec）在創造力、設計、策略上是全球聞名的思想領袖，精心策劃過許多次的棉花糖挑戰（Marshmallow Challenge）比賽，發現結果非常驚人，並具有啟發性：在高塔任務中，一般而言，幼兒園畢業生的表現最好。相對的，最近才從法、商學院畢業的人反而表現得差很多。即便是企業執行長的表現也比不上幼兒。事實上，只有兩種團隊比幼兒表現得好：工程師和建築師（以任務本質而言，並不令人意外），以及帶著助手的企業執行長（6）。這是怎麼一回事呢？為什麼幼兒比這麼多受過高等教育、有經驗的成人更能夠處理這個複雜的任務呢？

當然，我們技能是成功的一部分——團隊合作、溝通和快速的協同能讓小組成功完成任務。對於企業執行長，我們可以猜測，讓他們獨當一面可能較為不利，因為他們擅長發號施令，不擅長與人合作。烏傑克在二〇一〇年的TED演講中說過：幼兒不會花時間搶著當「義大利麵公司的執行長」（7）。但是過程中其實還牽涉到我們技能之外的其他技能。

商業術語「快速重複」（rapid iteration）和「原型」（prototyping）描述了幼兒在這個棉花糖挑戰中表現特別良好的重要技能。當然，兒童並不了解創新文化的術語（大部分家長大概也不懂），但是他們懂得其中內涵。棉花糖挑戰讓我們更清楚的看到，幼兒擁有天生的熱情去嘗試新事物、失敗、調整、重新嘗試。是的，如果你想到了意志技能，沒錯，意志也是讓搖晃發生的必要元素。

在十八分鐘裡，幼兒平均會做五次不同的嘗試，蓋出他們的棉花糖高塔。剛畢業的工商管理碩士平均只有一次嘗試——他們受的訓練就是去搜索、找到、然後執行唯一的正確答案，因此一點也不令人意外。結果就是，當他們面對未知和具有挑戰性的任務時，他們把分配到的十八分鐘，大部分用在討論、利用已知的假設，執行他們的「完美」計畫，結果只嘗試一次——而且還失敗了——時間就截止了。

當然，這些碩士和執行長們不希望在別人眼中顯得不確定和不穩定。他們已經被灌輸了成見，認為「搖晃」的領導者沒有決策能力、軟弱、可能失敗。但是，棉花糖和義大利麵塔的實驗告訴我們，贏家其實是一路搖晃到成功的。現在的世界充滿各種選擇、改變迅速、狀況不明，比起一心一意、假性自信或害怕失敗，搖晃來得有用多了。現在想一想，我們花了多少年，更別提多少時間、金錢、努力，在「高級訓練」的企業、法律以及其他專業培育過程中消除搖晃。這個做法毫無建設性，甚至有反效果，讓我們不得不檢視早期童年，將我們的努力聚焦在保護和培育孩子的搖晃技能上。

搖晃能力（以及缺乏搖晃能力）的發育里程碑

搖晃是一項非常重要的基本氣技能，但是搖晃在發育里程碑中卻是異類。不像其他技能，搖晃技能缺乏從一個階段到另一個階段清楚界定的進步標準。那是因為里程碑的定義是「成功」，搖晃卻是指成功背後必要的反覆失敗和調整。學會搖晃是一個不斷進行中的過程。就像今天快速重複的「瞄準、發射、瞄準、發射、瞄準、發射」一樣，我們無法指出陸續達成的具體目標，或是獲得的能力。而站在發育的立場，搖晃技能代表過程，而不是最終的結果。身為家長，我們需要了解搖晃過程的重要性，一定要慶祝孩子的搖晃，如同慶祝最終里程碑的成功一樣。

倒不是說幼兒不會從嬰兒時期就運用搖晃技能，他們確實會：他們是嘗試錯誤的機器，不斷嘗試、失敗、調整、再次嘗試。正是孩子天生的搖晃能力帶著他們終於掌握住所有兒童經典的發育里程碑，包括抬頭、翻身、推起上身、爬行、走路、說話等等。

如果你像許多家長一樣，可能會無法完全欣賞孩子的搖晃技能，更不用說慶祝孩子的搖晃技能。你應該注意這一點，因為如果你不重視（並允許）孩子邁向成功路上的早期失敗嘗試，你可能就會過度保護、過度補償，不必要的保護孩子，不讓他體驗失敗，壓抑了他的搖晃技能。為了避免阻礙孩子剛萌發的搖晃技能，在孩子掌握新技能之前，你要聚焦並慶祝更亂七八糟、更花時間、更沒有秩序的過程。

學習在失敗中前進

棉花糖挑戰顯示幼兒擅於嘗試新事物、失敗和調整。需要家長支持的部分就是允許孩子這麼做，協助他們學習在失敗中「前進」。這兩個元素是發展搖晃技能的關鍵，而不是：當孩子尚未掌握某種任務或能力時，讓孩子覺得自己不夠好，或是太慢；當他們沒有達成目標時，沒有看到他們的努力；當他們跌倒時露出恐懼或擔心；或是太過於在乎他們是否「做對了」。

「在失敗中前進」就是鼓勵有智慧的冒險；無論結果如何，為孩子的想法、努力和嘗試提供口語支持；在各種活動中都提供機會，讓孩子嘗試和失敗。能夠看出「在失敗中前進」的時刻，並提供鼓勵和支持。如果你不了解這一點，可能會無意間對這些失敗流露出焦慮，或更糟的，表達出令人氣餒的話或行為。記得，越來越多證據顯示，失敗可以促進學習和成長。你越覺察到孩子的搖晃，越容易克制自己過度保護的衝動。

早期的搖晃是什麼樣子的？

雖然，聚焦在失敗上無法讓你經由典型的里程碑來度量孩子的發育，更無法在嬰兒紀念簿上做記錄，但是你可能記得我先前說的，失敗和錯誤是達成其他里程碑的過程。那麼，幼兒的搖晃發展到底是什麼樣子呢？以下是嬰幼兒願意並能夠搖晃的部分里程碑：

- **自己用湯匙吃飯**。十八個月之前，一般嬰兒還不會很精確的掌握到大家期待的里程碑，自己用湯匙吃飯。但是這並不表示他們不會花很多時間嘗試，在這個過程中，你可能會發現好幾次差一點就成功了，也可以預期湯匙被翻掉許多次，搞得一團糟。我的建議？記得慶祝（甚至照幾張照片紀念）孩子盛開的搖晃技能，以及許多失敗的嘗試。短期內，一定會把食物弄得到處都是，偏偏就是放不進嘴巴裡。
- **走路**。學習走路明顯牽涉到很大程度的搖晃技能。一開始一定會常常絆倒、跌倒，幼兒往往搖搖晃晃的往前邁出一小步，然後立刻跌坐地上。九到十二個月之間，有些孩子在地上的時間比站著的時間更多，而其他孩子——很早開始走路的孩子——拒絕只是抓著東西站起來，從一張家具移動到另一張家具。他們一站起身，就試圖邁開大步，不做小步小步的嘗試，也不倚賴支持和大人牽手。這些極端勇於搖晃的孩子堅持練習走路，一跌再跌，還是願意拍一拍身體，再度嘗試……只要我們允許他這麼做。

- **自己穿衣服**。穿衣服可以有各種各樣的失敗（很好笑，也很難不注意到）——兩隻襪子不同顏色、鞋子穿反了、上衣和褲子的奇怪搭配、扣子扣不上等等。剛冒出芽的搖晃技能使得兩歲、甚至更小的孩子，「企圖」自己穿衣服，造成很多好笑的「錯誤」。要經過幾年的時間，孩子才會真正的自己穿衣服。
- **說出字母**。這可能是我最喜歡用來鼓勵家長辨認和慶祝正在發生的搖晃技能的例子了。畢竟，我們不會期待五歲孩子不經過嘗試錯誤就忽然掌握了字母。我們會對小嬰兒唱字母歌，熱情鼓勵他們模仿我們。一開始，他們只會動動嘴巴，發出一些咿咿啊啊的聲音，過一陣子，慢慢發展成像是音樂的聲音，模糊的唱著字母的發音。技術上來說，這些早期嘗試都可以被視為失敗。他們需要多年的「失敗的努力」，可以預期某些字母會比較困難（如l、m、n、o），也會弄錯順序、說錯、重複某些字母而遺漏其他字母，而堅持不懈的搖晃技能將引導他們終於學會。

成人設下的障礙

身為家長，我們試圖保護孩子，不讓他們跌倒、搖晃、摸索、亂動、失敗。我們是出於愛，也是出於身為家長的責任，希望孩子安全，不要受到身體或情緒的傷害，我們要他們做得對，才能成功。在某種程度上，孩子生命中大部分立意良善的成人，抱持的目標都是一致的。祖父母、老師、保姆和其他人都在試圖避免孩子跌倒、受傷或遭遇其他失敗。

然而，我們都需要覺察並決心做到的是：創造一個孩子可以安全失敗的環境。我們也需要調整我們對「失敗」的觀念。不要認為「失敗」就是沒有做對，我們需要開始將失敗視為「往正確的方向搖晃」，尤其是幼兒的失敗。我們必須保護孩子，不要發生一失敗就完蛋的情況，以免造成身體傷害或情緒創傷，但是我們同時也要讓孩子偶爾膝蓋擦傷，讓他們體驗可以承受程度內的挫折或不愉快，例如：積木一直倒下來，或是食物一直從湯匙上掉下來。**現代世界尊重、獎勵和要求能夠失敗並調整的技能，我們必須更有覺知的允許孩子及早發展基本的搖晃技能，並且在整個童年持續發展**。

為了培養覺知，讓我們看一下讓家長不敢允許孩子搖晃的某些障礙：

恐懼。家長的恐懼如果只限於真正可能造成傷害的範圍的話就很好，這讓我們有動機保護孩子，不讓他們受傷。問題是對於失敗或危險的恐懼蔓延到了其實沒有危險的範圍，我們造成的傷害反而更多。例如，我們看到孩子操作玩具遇到困難，擔心他會發脾氣或不高興、挫折，沒有讓他自己解決問題，而是出手干預。我們害怕他會被挫折傷害。同樣的，我們可能設定各種人為界限來保護孩子，同時卻限制了他們探索、與世界互動的能力。我們變得對一切都過度焦慮，擦傷、淤青、昆蟲咬傷、被其他孩子身上的病菌感染。

我們不難理解親職保護本能如何和為何產生，這讓我想到了「泡泡男孩」(8)。你可能讀過或看過關於這個德州男孩的書或電影。他的名字叫做大衛．威特（David Vetter），他有天生罕病，非常容易受到感染，即使是一個小感冒都可能致命，因此一直在一個大塑膠泡泡中成長。他不但缺乏免疫功能，同時也極度缺乏搖晃技能。對他而言，即使是最小程度的危險都可能要他的命。他無法與身邊的世界互動，無法享受我們視為理所當然的許多經驗。幸運的是，大部分兒童沒有這種罕病。他們不需要在大泡泡裡生活，不用害怕遇到小小的危險（感冒或其他）。我們不應該剝奪孩子的經驗，高潮和低潮、成功和失敗都是和別人、玩具、大自然與世界互動的一部分。

我之前已經討論過，家長對於孩子發展扭動技能的恐懼，但是值得在此重複一遍。你去公園、學校操場或動物園的時候，一定會聽到成人對幼兒喊著：「不要跑！」是的，不要讓他們在碎玻璃上面、懸崖旁邊、車多的街道上奔跑。但是，「完全」不可以跑嗎？如果頂多是偶爾跌倒，可能會擦傷或瘀青的話——尤其是剛開始練習奔跑的新手——那麼，你一定要管好自己的恐懼，就讓他們奔跑吧。當然，一開始他們會跌倒，有些孩子甚至會哭。但是很快地，他們將學會跳起身，忘記眼淚，加入遊樂場上其他奔跑的孩子。

控制的需要。有些家長就是不喜歡不確定性，無法讓孩子在世界中嘗試錯誤、在做中學、在失敗之後調整。他們覺得自己的威權似乎被降低了，因為他們將一部分的控制權交給了孩子。但是正如企業學到的，命令與控制型的領導者已經過時了，聰明的家長也應該跟上時代的改變。很多機構要員工懂得如何失敗、始終保持機靈、在做中學。如果上司（或家長）對每一件任務和過程都使用僵硬的控制，員工就無法做到以上的表現。成人和兒童都需要有搖晃的自由。家長必須努力放手，至少放手到某個程度。如果我們將威權上司的態度改成導師和教練的角色，我們還是可以保持我們的威信。

太在意失敗。很多家長將孩子的錯誤和失敗（以及孩子的成功）當成自己的錯誤和失敗。他們覺得如果孩子有什麼閃失，即使只是小小的事情，也好像他們沒有盡到責任似的。成就高的父母尤其如此，會期待孩子像他們一樣成功。這些父母不喜歡跌跤、答錯、失敗的感覺，看到孩子有這些體驗的時候會感到痛苦。在某個層次，這是很自然的反應——我們本能地希望照顧和保護孩子，所以我們想要避免孩子面對失敗。其實，我們需要讓孩子從小發展自我依賴。我們需要讓孩子為自己的失敗負責，而不是將孩子的失敗當作我們自己或是我們親職能力的失敗。

競爭。在今天的親職世界裡，親職表現是否成功往往要看誰的孩子可以第一個翻身、坐起來、發出聲音、走路、說話，或是做得最快、最好。我稱之為「里程碑競賽」。這是很不幸的現象，原因有好幾個。比如強調第一次就要做對、做得最快，還沒有任何失敗。然而這些競賽沒有真正的獎品，沒有一項成就可以預測孩子之後在學校或人生裡會表現良好。從搖晃的觀點來看，希望孩子比同儕更早達到里程碑會讓你的孩子進入虛假的競爭。你也可能錯誤的聚焦在第一次就達成目標的成就上，而不是允許他失敗、學習，最後才成功。如果這樣，你可能反而在鼓勵他限制自己的努力，只做他熟悉的事情，因為他知道自己可以輕易完成，而不去嘗試新的或有挑戰的活動，逐漸形成了「固定心態」（fixed mindset）。這是著名的史丹佛心理學者卡蘿．杜維克（Carol Dweck）發展出來的概念。杜維克在她的書《心態致勝：全新成功心理學》（*Mindset: The New Psychology of Success*，正體中文版由天下文化出版）中，描述了她在這方面的研究[9]。相反的，鼓勵孩子擁抱搖晃技能，他們則可能養成杜維克稱之為「成長心態」（growth mindset），歡迎新的挑戰，在完成挑戰的過程中，即便搖晃仍感到驕傲。

運用搖晃技能的活動

為了建構搖晃的基礎，你可以採取好幾種行動——並避免採取其他行動——協助孩子保持並加強這個非常重要的氣技能。你的目標是創造一個環境，讓孩子可以在其中探索、實驗、嘗試各種新的行為，卻不用害怕失敗，也不會因為失敗而陷入嚴重的後果。

以下是一些可以協助你達到目標的活動：

1. **讓環境安全，適合搖晃**。為了培育扭動和搖晃的技能，你必須先讓環境足夠安全，因為安全的環境可以協助保護孩子不會受到嚴重傷害，也讓我們可以安心，才能放手讓孩子探索。你必須有一些常識，例如用保護墊包住尖銳的地方、裝置安全設備（例如插座要塞住），但也要有所克制，免得你把牆壁全部貼滿，所有家具全都裹住。同時要記得，練習搖晃就是會造成一些無傷大雅的小危險。

2. **讓孩子及早並經常失敗**。「及早並經常」正是困難所在。讓我們用學習走路作為例

子好了。如果你完全不管，放任幼兒一再跌倒，尤其如果他是剛學會走路的新手，你會覺得自己太疏忽了。如果十個月大的孩子半夜醒來，第一次拉著欄杆站起身，卻還不知道如何讓自己再次躺下睡覺，或許你會覺得自己應該插手，幫助他躺下。這個完全可以理解。但是如果你決心執行「及早並經常失敗」的概念，就會給孩子一個機會，讓他自己解決問題，強化他的搖晃技能。

讓我跟各位分享一個我從我的長女學習走路時學到的教訓。她是一個很謹慎的幼兒，但是在她學習走路的時候，還是會常常跌倒。偶爾，跌倒會「敲到頭」。很痛，但是不足以造成傷害。身為小兒科醫師，我知道嚴重撞傷和輕輕敲到頭的差別，後者很少造成傷害。結果就是，我丈夫和我訓練自己不要過度反應，例如試圖完全避免她跌倒，或是她走得不穩就馬上跑過去幫忙。我們教一歲女兒對她自己說：「碰碰，碰碰」來揮走疼痛（也當作發展早期的幽默感）。

如果你也使用類似的策略，將會得到兩大益處：你在心理和情緒上接受了小小的跌倒和碰撞必然會發生，不會真正造成傷害；你也協助孩子學到如何揮走可以承受的失敗，重新站起來，因此強化了他的搖晃技能。

3. **在危險和冒險之間找到平衡**。危險指的是讓幼兒一個人在車流不絕的街邊玩耍。冒險指的則是鼓勵幼兒在年紀合宜的遊樂場爬高——在這裡他可能跌倒，但是跌倒頂多也是淤青和擦傷而已。如果你的心裡一直想著保持平衡，你就可以客觀評估孩子面對的危險，決定是否可以冒險，讓他可以持續搖晃。你得分辨不必要的冒險和可以復原的失敗。允許孩子體驗必要的、經過計算的冒險，體驗可通往兩種結果的冒險：可以復原的失敗，或是成功獲得新學習與新技能。不是要丟掉安全帽，而是要讓孩子學會騎腳踏車。

4. **慶祝錯誤與失敗**。身為家長，我們往往殷殷切切聚焦在成功和成就上——開始會說話、開始會走路等等。我要建議的是，你對日常生活中不成功但是很努力的嘗試、失敗和調整，也要表現出同樣的熱情，例如：堆疊積木、著色畫和說話。你可以拍拍手、說些鼓勵的話、慶祝孩子面對「失敗」還堅持下去的精神。我最近才知道，外甥的幼兒園老師會誇讚孩子搖晃的意願，讓全班跟她一起歡呼：「耶耶耶！我們班上今天有人願意冒險了！」支持有目標的冒險，將鼓勵孩子終身願意冒險。畢竟，你希望孩子長大後會認為穩定來自調整，犯錯不是成功的相反。

從錯誤中學習才是通往成功之路！

第十章 「QI」技能七：如果

想像一個充滿可能性的世界

孩子是人類的研究開發部門、天馬行空的傢伙、腦力激盪者。

——艾莉森．戈普尼克（Alison Gopnik），《哲思寶寶：兒童心智告訴我們什麼？關於真理、愛與生命的意義》（*The Philosophical Baby: What Children's Minds Tell Us About Truth, Love, and the Meaning of Life*）

有創造力的成人就是存活下來的孩子。

——作家娥蘇拉．勒瑰恩（Ursula K. Le Guin）

在現今的世界裡，我們花這麼多時間在網路和社交媒體上。你不需要仔細找，光是看

看某項條目得到多少個讚、分享、觀閱、轉發，就可以知道大家在注意什麼了。再看看TED，專門舉辦演講並且上傳到網路上的全球組織，主題的範圍非常廣泛。TED已經成為「世界最大的舞台」了。TED最受歡迎的影片，已經有全球四千多萬人點閱，覺得值得觀賞（這也是TED的口號）。令人驚訝、也令人覺得耳目一新的是，這個廣泛傳閱的影片裡，主角不是玩毛線的貓咪、名流或是某個表演特技出事的人，而是英國作家、國際教育顧問肯尼斯．羅賓森爵士（Sir Kenneth Robinson）。二〇〇六年出現的這個影片共十九點五分鐘長，主題是〈學校扼殺了創造力嗎？〉（Do schools kill creativity?）[1]。很明顯的，全球的人對他談的創造力，以及我們在培養學童創造力時所做與沒有做的事，都覺得非常有興趣並且重要。毫無疑問，我們現在比以往都更為重視創造力——非常重視。

我們的世界需要創造力。有人估計過，現在的小一學生將來會從事的工作，有65%目前還不存在，他們用來工作的工具甚至還沒有被發明出來[2]。世界已經改變，雖然我不認為我們要把每一個孩子撫養成未來的創業者、創新者或總裁，但是毫無疑問的，在「新興的創意經濟」中，想要在任何行業獲得成功，創造力都是非常重要的[3]。《大西洋》（*The Atlantic*）雜誌專欄作家，同時也是備受尊崇的書籍作家，《創意新貴》（*The Rise of the Creative Class*）一書的作者理查．佛羅里達（Richard Florida）說：「對於現代企業，取得有才華、有創意的人才，就像是鋼鐵工業取得煤炭和鐵一樣的重要(4)。」創意就是材料，讓現在的小一生在那些尚未出現的職業中，用尚未發明出來的工具，得以發明、完成任務、獲得成功。(5)

羅賓森也針對教育提出了警告：「我們的教育系統挖空了我們的心智，就像我們挖空了地球，以獲取某種有用的物品，服務不會有的未來。我們必須重新思考教育孩子的基本原則。」(6)

雖然羅賓森強調的是教育系統，我認為並不只是教育系統在培育孩子的創造力上面扮演重要角色，我們這些家長有責任，遠在孩子正式上學的第一天之前，從更「上游」的時候就開始。正如羅賓森接著說的：「我真心相信，我們不是長大而獲得創造力，而是長大後失去創造力。或者說，我們因為受教育而失去了創造力。」

本章會越來越清楚地顯示，如果技能誕生於嬰幼兒時期。這表示，我們這些身為家長的人，一定會比學校老師更早，鼓勵或澆熄孩子的創造力。如果我們成功培育第七項、也是最後一項氣技能，異常重要的如果能力就能超越童年早期的假裝、裝扮、扮家家酒而存活下來，茁壯成長，讓孩子在今天這個創新、創造和自我發明的世界中握有極大的優勢。

這個技巧就是**如果技能**（What If）。

小手，大想像

一個典型的春天午後，我走進我的兒童中心的一間教室，發現三位幼兒正專注於一堆被刻意放得好好的玩具當中。乍看之下，實在看不出玩具的安排有何意義。其中有一個盒子，還有用積木疊成的高塔，幾乎和孩子一樣高了。我試著小心跨過這一片混亂。造成這片「混亂」的孩子很快的警告我，不要再往前走了，否則我將陷入極大的危險之中。原來，我正在踏入一個想像的世界，裡面有太空船和壞人，拯救地球的重責大任全都落在了這些披著披風的小小聖戰士身上。他們願意為地球做任何事情，團結一致，深信他們絕對不會失敗。

雖然一團亂，但是這個偉大的幼兒想像遊戲（我們在〈QI技能一：我〉那一章討論過，這種「成熟的假扮遊戲」有助於發展很強的執行功能技能）不只是可愛而已。它顯示了我們可以如何想像無法想像的景象，相信有無窮的可能性——二者都是非常有價值的技巧，抓住了如果技能的本質。

如果是什麼？

如果技能是一群非常有價值的核心能力，讓我們可以看到與現況不同的、新的景象。也就是說，如果技能讓我們去思考關於「如果……？」的問題，提出相關疑問，然後採取行動。如果技能顯然主要與創造力有關，但是更為廣闊，包括了好奇心、想像力、創新、開放的觀念和跳脫框架的思考。如果技能讓我們可以經由「我在想……」、「想像一下……」、「還有什麼可能呢？」、「如果……會怎樣？」和「何不呢？」看世界。

美國山巒協會（Sierra Club）創建者約翰．謬爾（John Muir）很精準地說：「想像力讓我們無限(7)。」如果技能讓孩子相信，即使是天空也無法限制他們。他們不會待在「眼見為實」的框框裡，如果技能是看到機會與可能性——而不只是問題——的能力，相信自己只要能夠想像，就能夠創造或達成。身為家長，我們直覺地這麼認知。我們要孩子長大，相信自己可以成為任何他想要成為的人：科學家、總統、醫生、舞者、動物園長、程式設計師、企業負責人，甚至有朝一日能成為超級英雄。如果技能強有力的地方在於，它可以讓我們想像自己人生可能的樣貌，也能夠看到世界的可能性。有了如果技能，我們可以展望一個更好的世界，再運用所有的氣技能，我們就有能力讓夢想成真了。這在接下來將會說明。

為什麼技能與如果技能

讀到這裡，你可能發現如果技能和為什麼技能很像。二者都是提問，目的是為了尋找答案、產生新的理解。二者最大的不同在於為什麼技能是對世界提問，想要了解世界「實際」運作的方式；如果技能則是對世界提出問題，讓我們更了解並能夠想像世界「可能」的樣貌。簡言之，為什麼技能是提供資訊，賦予我們所需要的基礎。如果技能則是我們在這個基礎之上，能夠做些什麼。

我最喜歡的一段話來自極受尊崇的瑞士發展心理學家尚・皮亞傑（Jean Piaget），直接切入核心，解釋了為什麼孩子需要知道如何提出「如果……？」的問題。他尖銳的問：「我們撫養的孩子只能學習已知事物嗎？我們是否應該讓孩子的心智發展，成為有創意的人，終其一生有能力發現……？[8]」我認為這個問題的答案是後者：身為孩子最早、也最有影響力的老師，我們必須積極發展他們的「如果」技能。

無限可能

我好幾次提到，所有氣技能之間互相連結，彼此提升。如果技能的與眾不同之處，在於它是將其他氣技能全部結合在一起的氣技能。如果孩子（或是成人）沒有我技能、我們技能、為什麼技能、意志技能、扭動技能和搖晃技能，確實會很難（或是不可能）有創意、創新、想出新的可能性，更無法有能力或驅動力去行動了。結論就是，**強烈的「我」技能結合了「我們」技能的合作基礎，受到「意志」技能的驅動，讓孩子提出「為什麼」，一路「扭動」到一個擁抱「搖晃」的世界，他們可以學著提出「如果」問題，創造機會，最終將改善他們自己的人生，也改善他們四周的世界。**

就像為什麼以及其他氣技能一樣，如果技能也是天生就有的。即便是最小的孩子，也會很自然地檢視他們四周令人驚奇的世界，開始問「如果……呢？」我們可以決定要不要鼓勵他們繼續提問。畢竟，世界需要大家不僅僅遵守命令而已。我們需要有人擅長重新創造，可以想出別人從未想過的點子。不只是本來就屬於創造性的領域或職場需要他們，各個領域都需要他們。明顯的親職目標就是找到培育並發展「如果」技能的方法。

不只是可以——是有創意的可以

創造力不只是發明另一個優步（Uber）、臉書和 iPad 而已；創造力並不僅限於矽谷的創新文化；創造力也不倚賴創投的資金。創造力是關於解決問題、讓人們活得更好、讓我們的社區進步。因此，創造力是有力的必需品，以便解決世界最重要的經濟和社會問題。

已經有人在社區和州政府的層級開始培育和發展這些技能了，奧克拉荷馬創意（Creative Oklahoma）就是一個很好的例子。奧克拉荷馬創意是一個非營利組織，創建的信念是藉由提升公民的創造力，提升州裡目前和未來的經濟成功。這個組織的任務很簡單卻很深刻，就是將奧克拉荷馬州建立為世界知名的創造力和創新中心，經由各個範疇主動提升創造力，包括幼兒教育、藝術、職場人力和社會。(9)

奧克拉荷馬創意是全球致力提倡創造力和創業文化的網路中的一員，舉辦了二〇一五年的創意世界論壇（Creative World Forum）。我有機會參與了這個論壇，一點也不意外的，主講者是羅賓森爵士。他談到為什麼我們都應該重視創造力，我深有同感。以他的話來說，我們身而為人的定義不在於我們有拇指而已，而是我們能夠想像尚未存在的事物。(10)

創造力是生命的核心，我們若要把創造力發展到最大值，就要及早開始培育。領英的雷德·霍夫曼寫到：「所有的人都是創業家……因為想要創造的意志就在人類的基因裡。」[11]

運用如果技能

一份全球問卷調查了一千五百多位執行長，他們都認為創造力是未來成功最重要的元素[12]。之前提過，另一份問卷的一千多位執行長中，許多人認為領導人特質包括好奇心和開放的心胸，在充滿挑戰的時代顯得越來越重要了[13]。這些研究讓我們提出了一個問題，「為什麼是現在？」二十一世紀企業為何認為創造力和如果技能如此無價？我認為正是同樣的元素，把我們從智商（IQ）推向了氣技能（QI）。

在谷歌時代，知識就在我們的指尖，我們需要用新的、聰明的方式運用知識。不再是關於資訊、記憶和執行了，而是關於想像力、創造力和創新。如果技能就是帶領我們的道路。

世界很小

我的視野很獨特。我擁有快速改變的企業環境視野，以及小兒科醫師的視野——關心如何協助孩子成功、茁壯、成為預備迎接人生的成人。無論我往哪裡看，都會看到企業和親職世界之間的交會。我第一次讀到《自創思維》（*The Start-Up of You*）和《寫給傻瓜的創業計畫》（*Business Plans for Dummies*）的時候，就覺得讀起來像親職書籍一樣。最近，我收到了一封電子郵件，也有這種感覺。來信的是迪士尼公司（Disney）。我無法想到比迪士尼更能將企業、創意和童年自然接軌、「讓夢想成真」的公司了。但是這封信並不是針對親職或兒童的。

這封信由迪士尼學院（Disney Institute）發出。迪士尼學院為全球的企業主管舉辦研討會、工作坊和簡報。電子信件是在宣傳學院為企業和組織舉辦的年度一日訓練(14)，訓練包括以下內容：

- 挖掘職場人力的個人創造力……
- 培育出可以產生點子的環境……

・發展合作文化

・鼓勵冒險……

・經由活化創新的結構系統，以改善企業結果

對大部分的人，這些主題指的是當代企業。但是在我看來，自稱為「企業解決辦法和顧客服務的大師」的迪士尼訓練課程，也可以當作提倡氣技能的親職課程。用「孩子」取代「職場人力」，就等於是讓「家長」學習如何協助「孩子」將挑戰變成偉大成就，培育創造力達到最大值。家長要如何做到呢？簡單翻譯一下課程內容就變成了：

・挖掘孩子的創造力

・培育出產生點子的環境

・發展我們技能

・鼓勵搖晃

・經由刻意的親職工作，活化孩子的如果技能，讓孩子踏上成功之路

簡言之，該學院的方法除了運用在企業上，也可以運用在家長身上。事實上，企業世界不斷提倡培育的技能和我們幼兒教育提倡的技能一致，我們有共同的目標、挑戰和理想。當我看到高層企業現在正在做的事，以及他們如何培育員工創新，正是我的同事和我

在小兒科、親職和幼兒教育領域所做的事——而且還做了很多年了——提倡和支持創造力與想像力。

當我們撤換「企業」和「家長」、「員工」和「孩子」的字眼時，二者之間幾乎看不出差異。身為家長，我們可以做得更早。如果我們好好培育孩子的如果技能，以及其他氣技能，我們將可以減少類似迪士尼課程存在的必要性。我們的孩子進入學校、成年階段以及職場時，將已經具備他們需要的技能，可以很自然地運用。我們只需要知道如何培育這些技能。

埋下創新的種子

如果創造力、提問能力以及執行「如果……？」的能力定義了人類，那麼我們可以說，我們不一定需要教導幼兒創造力，而是要培育和保護他們已有的創造力。確實，《財富》（*Fortune*）月刊最近列舉的世界五十位偉大領袖[15]之一，彼得．戴曼迪斯（Peter Diamandis）說過：「創業者和有遠見的人想像他們自己想要的世界（及未來），然後創造它。孩子剛好就是最有想像力的人……他們必須知道，解放他們的想像力有多麼重要。」[16]

很不幸的，我們很容易就打壓，而不是解放，孩子天生的好奇心和創造力。心理學者甚至有一個名詞——濡化（enculturation）——來解釋創造力明顯且非我們所願的下降。濡化指的是我們長期固守文化的現況，掉入慣常的陷阱，生活或許可能因此更簡單，但是也會使我們在個人和專業上都較為缺乏想像力。接著我們將此心態傳給孩子，讓他們從一出生就開始濡化了。我們完全可以理解是如何發生的。我們不是要他們比較沒有創意或不好奇，只是我們要他們務實、學會規矩、掌握現有的知識。我們立意良好，但是結果未必是好。我們如何阻礙了孩子發展如果技能呢？如果我們從這樣的脈絡去檢視這個議題時，就知道我們需要好好再想一想了。

我們可以做的一個大改變是決心創造一個文化，更擁抱創造力。一開始，我們可以分辨哪些情況需要直接回答、解釋或分享知識，以及哪些情況是鼓勵孩子練習提出「如果……？」的機會。為了做到這一點，我經常想到有一次我帶孩子們去奧馬哈（Omaha）的喬絲琳美術館（Joslyn Art Museum）。當時，大兒子五歲。我們站在一座非常大的彩色抽象玻璃雕塑前面，他問我：「這是什麼？」我幾乎要本能地回答他：「這是一位非常有名的藝術家戴爾·奇胡利（Dale Chihuly）所創作的玻璃雕塑，有一點像海裡的彩色珊瑚。」但是我忍住了，反問他：「你認為是什麼呢？」

身為家長，我們習於給出答案，而且非常擅長這麼做。但是如果不理會腦子裡首先想到的答案，我們可以讓孩子的想像力自由發揮。我們可以給他們機會，發現每件事情不見得只有一個正確答案，成人也不見得什麼都知道，常常還是有想像、詮釋和「如果……？」的空間。

另一個例子是巴特．康納（Bart Conner）年輕時走上體操之路的故事，讓我們看到，看出並支持孩子的創造力是怎麼一回事——如果你認真看待孩子天生的才華、想像力和「走自己的路」的意願，協助他好好發展的話，能夠成就些什麼。康納是二〇一五年世界創意論壇的主講人，這位奧林匹克金牌選手分享了他的故事。

遠在他開始懸掛在吊環上，或是在雙槓上面轉體之前，康納就常在小學走廊上倒立行走。這個打破傳統的絕技往往讓他得向校長室報到，但是他的父母親和校長從來沒說：「不要用手走路，你不會因此有何成就的。」他們反而帶他去見一位教練。教練看出康納獨特的潛力，然後就創造了體操歷史。(17)

創造力的成長

雖然創造力還不能像智商那樣容易測量，很幸運地，我們發現越來越多有趣的新方法——包括腦部顯影——可以更了解創造力是何時、何處、如何在幼兒腦部發展。辛辛那提（Cincinnati）的研究者在小兒科醫師約翰．赫頓（John Hutton）的領導下，用書籍和腦部掃描檢查了想像力的內在運作。赫頓醫師和同事的研究顯示，對幼兒閱讀有助於強化腦部負責用「心智之眼」看事物的部位。尤其是，他們發現如果家長在家裡唸書給學前幼兒聽，幼兒腦部產生意象的部分會更為活躍[18]。當你想一想研究結果的真正意義，腦部研究支持了我們的立場：為幼兒朗讀不但可以種下創意的種子，同時讓我們看到——不只是外在表現，而是確實在腦部掃瞄上看到——孩子的想像力也生根了。

在孩子長大，踏入現實社會後，假扮遊戲是否還能夠影響他呢？其他研究顯示，玩假扮遊戲會強化孩子未來的想像力。研究者大量研究了假扮遊戲在兒童發育上扮演的角色，發現早期的想像遊戲和之後增加的創意表現有關。還有，針對創造力極高的人的研究，包括諾貝爾獎得主和麥克阿瑟基金會（MacArthur Foundation）的得獎天才們，顯示高成就的

人小時候比其他小朋友更愛玩假扮遊戲和其他想像的遊戲。(19)

假扮的里程碑

不像幼兒語言發展有較容易預測的進程，可用來建構作為我們技能，或作為扭動技能的動作里程碑，如果技能無法用外顯的發展里程碑清楚界定。然而，當你知道如何尋找如果技能的基礎，就可以看到每個小寶寶最早出現的如果技能，有時候四個月大就可以看到了。這些剛冒出來的技能最終將發展成其他的重要如果技能，包括假扮遊戲、相信超級英雄和想像中的朋友真的存在，也能夠編造故事。關於孩子的如果技能里程碑，你可以期待以下的表現：

- **六個月：**四到七個月之間，有些嬰兒開始發展物體恆存（object permanence）的概念，了解即使他們看不到、聽不到、碰不到、聞不到或無法感知，人和物體仍然存在。這個能力讓他們開始尋找藏在毯子下面的玩具，或是尋找看不到的東西。
- **九個月：**九個月的經典里程碑就是臉部躲貓貓（Peek-a-boo），把物體恆存的概念帶到另一個層次。嬰兒展現出更好的覺察力，知道人、物體、甚至他們自己，即使看不到，仍然存在。

- **十二個月**：兒童用各種新的方法探索玩具和物件，不只是搖動、打擊和拋丟而已。新方法往往不是這個東西「原本應該」的用法。
- **十八個月**：早期的創意玩法開始出現，包括能夠玩假裝遊戲了。
- **兩歲**：即使玩具藏在兩三層東西下面，孩子也可以找出來了。他們開始玩簡單的假扮遊戲，對互動式遊戲越來越有興趣，想像的遊戲也越來越複雜。
- **三歲**：學前幼兒會玩角色扮演和幻想遊戲，可能常常在想像的世界和現實之間切換。三歲孩子常常擁有想像出來的朋友。以前的人會為了想像的朋友感到憂心，現在我們知道這是很正常的行為，是學前兒童或年紀更大孩童在社會情緒發展上的創造力層面。
- **四歲**：四歲孩子喜歡探索、用新的方式做新的事情，而不願意墨守成規。他們在假扮遊戲上越來越有創意了。在這個階段，角色扮演和假裝遊戲在發育上很重要。如果孩子沒有興趣玩這種遊戲，就應該帶他去小兒科做評估了。這個年紀的兒童應該能夠告訴你，他認為書中的下一步會發生什麼事，表示他們可以進一步思考、期待和預測未來了（也就是從「為什麼？」進展到「如果……？」），而不是僅僅待在已知的範圍裡。

- **五歲：**大班幼兒更能夠分辨什麼是真的、什麼是想像的。我們的目標是珍視二者，而不是輕忽想像的世界。

讓如果成真

運用我們已知關於創造力、創新、想像、框架外思考的一切，就很容易知道，家長可以做什麼來培育如果技能。研究告訴我們，孩子的創造力是天生的，如果技能很早就開始發展，並可以刻意培養。首先，最重要的是我們知道，如果技能是集其他氣技能之大成。所以，為了打好如果技能的基礎，我們需要確定好好培育我、我們、為什麼、意志、扭動和搖晃的技能。

就像其他氣技能一樣，如果技能的妙處就是幼兒天生活在如果的世界裡。只要環境支持，他們可以學習探索、提問、玩耍，強化這個重要技能的基礎。在許多方面，我們只要創造兒童需要的時間、空間和機會，讓他們常常可以運用他們的如果技能，我們的任務就簡單多了。

以下是一些你可以運用的策略：

1. **閱讀**。越多、越早、越常享受一起閱讀的時光越好。培育如果技能（以及所有其他氣技能）最有力的工具仍是閱讀，原因不勝枚舉，其一是培育孩子想像其實不存在的事物的能力。有些非常有創意的作家，例如彼得．雷諾茲（Peter Reynolds）就成功抓住了如果技能的本質。他寫了極具創意的《創意三部曲》（*Creatrilogy*），包括《點》（*The Dot*，正體中文版由和英出版社出版）、《有點樣子》（*Ish*，正體中文版由道聲出版社出版）和《天空的顏色》（*Sky Color*，正體中文版由和英出版社出版）。[20]

2. **尋找開放式的玩具**。市面上許多玩具和遊戲都只有一種設計好的玩法，孩子無法用想像力去玩，因此很難培養框架外的思考。你需要找有很多創意玩法的玩具，讓孩子不得不解決問題，提升想像力。好玩又開放的玩具包括積木、黏土、變裝的衣服與道具、廚具和美勞材料。別忘記，日常生活物品也可以讓幼兒有機會發掘新的、有趣的玩法。我們都知道，孩子雖然喜歡玩新玩具，但是也非常喜歡裝玩具的紙箱。除了紙箱之外，幼兒也喜歡玩塑膠罐、寶特瓶（為了安全，把蓋子拿掉）和廚具，例如勺子和橡膠鏟。當然，一定要好好判斷是否適合幼兒玩，同時要在一旁監督以保安全。

3.嘗試管理玩具。談到可以加強如果技能的玩具，我們要想的是質量，而不是數量。玩具太多其實會讓孩子的創造力窒息。美國兒童只佔全球兒童的3%，卻擁有全球40%的玩具(21)。為了平衡玩具太多的趨勢，試試看刻意減少玩具數量。不要把孩子的玩具箱塞滿鈴鐺和口哨，試著讓孩子的玩具輪流出現，讓他有機會專注，每次只玩幾樣玩具就好了。養成習慣，將玩具數量維持在合理範圍，經常清理並捐贈玩具（讓孩子幫你）。

4.稱讚想法。無論孩子的想法是荒唐或天才，都要讓他知道你很看重他的想法。試著為孩子創造一個環境，鼓勵孩子發想並分享他的新點子，無論有多麼可笑或誇張都沒關係。可能的時候，跟孩子一起玩他的點子——協助他描述、畫圖、設計，甚至用日常用品或材料建構出他們想像的東西。請他們說一下，打算如何執行自己想到的好點子。

5.配合演出。如果孩子在玩假裝的遊戲，或是敘述他幻想的故事，鼓勵他，請他再說更多細節。例如，主動提起一個他會喜歡的，或是對他現在的生活很重要的假想劇情或假扮的角色。然後看著他的想像有如泉湧。如果他要求你一起玩，就加入他吧，但是記得盡量縮小自己的角色。提供剛好足夠的參與、建議或道具，讓他的幻想得以進行，但是要讓他負責主導。

6. **提出引發思考的問題**。記得開始提問，鼓勵開放式的問題，讓孩子的腦子自由發展有創意的答案。雖然有正確答案的問題可以協助幼兒建構知識基礎（「草是什麼顏色？」、「狗狗怎麼叫？」），當孩子的想像、詞彙和如果技能開展之後，一定要多問開放性的、如果、需要思考的問題，例如：「你認為如何？」「你覺得接下來會發生什麼？」和「你的想法是什麼？」。

7. **說故事**。示範編造幻想的故事，以鼓勵孩子發揮想像力。如果你不擅長這麼做，一開始先選一個你知道孩子會有興趣的主題。例如，我的兒子很愛大象，我可能先提到最近我們去動物園玩，然後運用他既有的知識和實際的體驗作為開場，接著講一些幻想的、編出來的、不可能的、可笑的情節。孩子還小的時候，都是我在編造想像的故事情節。等他們大一點了，大約四、五歲的時候，透過練習，他們開始自己編故事，我只需要應和，提出很多問題，就可以讓故事一直持續進行了。這是很簡單但是很有意義的活動，你會看到，當你決心讓孩子釋放他們的創意潛能時，他們能夠想出些什麼充滿想像力的點子。

8.拔掉插頭。接觸一些發展上合適的電子玩具和數位科技是好的，但是接觸太多可能讓孩子失去想問「如果……？」的動機。在今日的電子宇宙中，開放式的遊戲、無聊和曲折已經非常稀少了。很多電子玩具都是規定好的：要求某種行為或行動才能運作，而不是讓孩子發揮想像力。事實上，二〇一五年的研究發現，家長和兒童與電子玩具的互動，和他們與傳統玩具（例如，積木）和書籍的互動很不同。嬰兒發出的聲音較少、家長說的話也較少，互動的本質大相逕庭。家長更可能發出與行為相關的命令，例如：「做這個」或「按那個」，而不是提出與脈絡有關的「如果」問題[22]。我們已知家長是培育兒童創造力的關鍵，而這些玩具往往取代了父母，與孩子說話和互動（而且只用有限的方式），如果讓他們花太多時間在這些電子玩具上，可能限制了孩子使用如果技能的機會。

9.走不同的道路。做一些小小的改變，例如出門散步時走一條不同的路線、探索沒去過的社區、尋找一條新的天然步道，都可以為你和孩子創造機會，好好運用如果技能。雖然維持日常生活節奏也很重要（對我們、對孩子都重要），但有時候我們會不知不覺地陷入不必要的、僵化的模式，因此限制了想像與探索的機會。

10. **質疑你的規定**。家長可以堅持事情必須以某個方式進行，或是一定要遵守某些規定。是的，遵守規矩是很重要的能力。是的，合理的安全顧慮（以及好好思考過的安全守則）永遠都是第一要務。但是身為家長，我們也需要考慮幼兒時期的諸多規定是否有其重要性。例如，孩子想往上爬溜滑梯，而不是往下滑（如果上頭沒有人正要往下滑），或是他想參與或嘗試用新的、不同的方式玩玩具，不要馬上阻止他。知名的發展神經科學家艾黛兒．戴爾蒙德（Adele Diamond）認為，用新的方式拆解和重組元素的能力就是創造力的精髓[23]。家長需要明白，幼兒質疑「規矩」，就是他在探索和發現不同的做事方法，並用不尋常的方式使用尋常的物品，這些正是創新。

11. **在線外塗顏色**。做美勞是兒童自然而然地探索想像力和創造力的好方法。學習在線內著色確實有許多好處（包括發展精細的運動技能、協助孩子學習如何聆聽和遵守指示），但是一定要給孩子同樣的機會在線外著色，甚至是自己畫出線條。提供孩子適齡的美勞材料，給予他剛好足夠的指示與督導，但是記得，讓他們創造一些根本尚未存在於別人腦中的東西。

這一點讓我想到了我以前辦的兒童照護中心每天提供的創意美勞活動。我常常需要溫柔地提醒老師們，當我走過展示幼兒美勞作品的布告板時，我寧可看不懂這些作品，也不想看到十幾隻一模一樣的小兔子，每一隻的棉花球小尾巴都黏得好好的。也請記得讓孩子跟你描述他的作品，以便了解孩子早期的創造力表達。毫不意外地，他的回答將讓你大吃一驚、印象深刻。

12. **讓他們無聊**。不一定非要幼兒每天都從一個既定活動到另一個既定活動的忙個不停，記得給他許多「自由活動」的時間。現代家長常常認為，協助孩子學習就必須安排許多活動——參與、互動、娛樂——而我們的想法正好相反，卻對於剛萌發的如果技能有極大的價值。**給孩子足夠的自由時間，讓他們探索他們學到的知識，並以如果技能的方式思考**。

神經心理學家和創意研究者瑞克思．榮格（Rex Jung）說過：「如果你一直在追求知識的模式裡，就不會有足夠的安靜時間整合知識……你必須有基本材料……但是你也需要有時間將它們整合起來。」(24)

第十一章 每個孩子都該擁有QI技能

適合每個人的「氣」

兒童是我們送到我們自己看不到的未來的、活生生的訊息。

——尼爾・波斯特曼（Neil Postman），《幼兒時期的消失》

（*The Disappearance of Early Childhood*）

恭喜！你已經擁有新的親職洞見，也能在更廣闊的世界脈絡中看到自己的親職角色了，你現在有能力運用現代所有由企業、資料、科技驅動的專業知識，以及數位時代放在你指尖的一切，更有目標地撫養你的孩子，讓他在快速改變的世界中獲得成功。雖然你會用到的策略是看似微小的日常行為，累積起來的結果卻是很大的親職成就。我希望你擁有清楚的親職目標，知道你在幼兒最早期建構腦部和培育氣技能的努力對於孩子的未來多麼有價值，因此覺得驕傲。

一旦了解到，孩子從小就需要有關懷、積極回應的成人在身邊，社會互動也必須從小開始，我也希望你會花一些時間考慮一下（如果你尚未被說服的話），這種支持對於所有的兒童而言，有多麼重要。在這個世界上，氣技能一如其名，正是重要（編按：QI的英語發音等同於key）而且有力的生命力量，價值無法估計，一旦擁有氣技能，便可以改善生活品質。事實上，如果你缺乏氣技能，將越來越難成功。不要被競爭式的親職心態打敗，不要一心只想提供孩子最好的一切，我希望你我都感覺到有權力確保每一位孩子在幼年即得到關懷的社會互動，以建構一生成功的基礎。但是，要讓每一位孩子都擁有氣技能，我們的路還很長。

世界充滿差距

雖然我們的世界已經整個連結在一起了，但是仍然有許多差距。從董事會到遊戲室的差距，創新、技術與科技的差距，機會、教育甚至語言的差距。對於家有幼兒的忙碌家長而言，討論這些差距可能看似太大的任務了，無法一肩擔起。這個議題確實太大了。

還好，我們無需獨自承擔這個艱難的任務，討論如何解決這些差距。許多書籍、組織，甚至政治宣傳都聚焦在這些重要議題上了。但是，這並不表示我們在這些努力中，不扮演重要角色。事實上，正因為我們是家長，我們最能夠理解為每一位孩子代言有多麼的重要。

當我們致力於創造能夠改變孩子生命的策略性連結，讓他們的世界更好時，我們也應該共同努力，協助拉近世界的差距，讓所有的孩子都可以生活、學習、茁壯。

面對現實

二〇〇九年，YouTube 裡有一個短片，標題是《面無表情的實驗》（Still Face Experiment），由哈佛兒童發展單位（Child Development Unit）的主任負責旁白。在不到三分鐘的時間裡，這個影片讓四百多萬名觀眾看到，在日常生活中，和關懷、積極回應的成人互動，或缺乏互動，對孩子身心健康所造成的影響。請觀看這個影片，你可能從此無法忽視，每個孩子的生命中都需要並值得擁有一個關懷、積極回應的成人。(1)

無話可說

讓我們從語言差距開始吧。我們現在知道，幼兒的詞彙可以準確預測孩子將來在學校、職場，甚至人生的後續發展。訊息很清楚：孩子最早的互動和語言發展可能比許多人想得更為重要。

這個強烈的訊息也讓堪薩斯大學（University of Kansas）兒童心理學家貝蒂・哈特（Betty Hart）和陶德・萊斯利（Todd Risley）的里程碑研究結果更具說服力。哈特和萊斯利研究幼兒在家裡聽到的詞彙量，發現和家庭的社經地位呈正相關。他們發現，低收入戶的孩子每小時聽到大約六百字，擁有專業父母的孩子則每小時聽到超過兩千一百字[2]。如果按日來計算，差距就相當可觀。到了三歲，二者之間的差距累積到驚人的「三千萬字」。更糟糕的是，不但字彙量有差距，詞彙的「品質」也有巨大差距。

史丹佛大學的後續研究進一步強化了詞彙的戲劇性差距。十八個月大的時候，差距就很明顯。到了兩歲，弱勢兒童可能已經落後同儕六個月了。[3]

只要想到這些早期社會互動的你來我往，對於強化嬰兒的社會連結與神經網路有多麼重要，這些因貧困所造成的語言差距，應該讓我們啞然無語了。

> 孩子的貧困程度可能不在於家庭收入多寡，而是成人有多常和孩子說話、朗讀。
>
> ——尼可拉斯・克里斯多福（Nicholas Kristof），〈年紀太小，不容失敗〉（Too Small to Fail），二〇一六年刊載於《紐約時報》（*The New York Times*）

建構韌性

當我首度將早期腦部和社會情緒發展的所有「故事」放在一起，發現它們對於幼兒可能造成的影響時，我覺得自己一定要跟每一個人分享。我開始發展氣技能，讓家長（以及任何關心兒童福祉的人）可以擔任起故事中的主導角色。我們愛我們的嬰兒，跟他說話、朗讀、玩耍、唱歌，但是我們做的事情不只是逗他笑、引導他發出聲音甚至說話。我們是有目標的在撫養孩子，培育將形塑孩子未來的氣技能。在一個公平公義的世界裡，我希望我們也找到（並資助）方法，將我們的洞見分享給所有的家長，讓大家都了解這些技能，以及如何培育它們。

哈佛大學兒童發展中心（Center on the Developing Child）主任傑克・商考夫（Jack Shonkoff）和同事發現，幼兒時期的貧窮和困境不但會影響兒童的學習和學業成功，也可能造成神經毒性，在最重要的腦部成長和發育的基礎階段，傷害兒童的學習能力[4]。雖然我們仍然不知道如何結束代代相傳的貧窮狀況對兒童和家庭造成的無法想像的危險壓力，商考夫和許多人認為，如果在幼兒時期，有關懷、積極回應的成人協助兒童建構執行功能以及適應技巧，就能有效防止貧窮造成的神經毒，對正在發育的腦部以及孩子的未來所造成的侵害。

不只是小兒科醫師和神經科學家在關心貧窮和困境對兒童未來人生的影響。芝加哥大學（University of Chicago）諾貝爾獎經濟學得主詹姆士・海克曼（James Heckman）也是這方面的領導者。海克曼研究幼兒五歲以前的投資對於經濟的影響，結論是為了創造社會的流動性、平等的機會、終身的成功，最有效的方法就是我們在本書中討論的策略：為出生到五歲的幼兒提供關懷的環境，提升他們的生理、心智和社會發展。海克曼是全美提倡投資幼兒階段的領導者之一。他指出，關懷的環境才能「讓兒童有能力茁壯成長，終身成為有尊嚴的、積極參與的社會公民及工作者。[5]」商考夫、海克曼以及許多人的研究都認為，無論我們聚焦在個人、社會或經濟上，投資在幼兒身上所帶來的報酬最大。

讓希望發生

「雖然有些人仍然相信『希望』太『軟性』了，無法用科學方法研究，其他研究者和我卻有具備說服力的證據，顯示懷抱希望的思想和行為可以驅使每個人追求幸福和成功；無論是每天上學或領導一個組織或社群，被目標驅動的行為背後都是希望；希望和健康與壽命長短都呈正相關，希望和收入多寡或智商無關。」

——蓋洛普（Gallup）資深科學家，專門研究「希望」的學者夏恩・羅培茲（Shane Lopez），《希望：蓋洛普調查主張，最有力量的幸福信念》（*Making Hope Happen: Create the Future You Want for yourself and Others*，正體中文版由三采文化出版）

希望就是氣

有人說過，樂觀與希望之間的差別是，希望不但表示你能夠想像更好的狀況，同時覺得你有能力做得到(6)。建構腦部、培育氣技能可以讓兒童有能力想像比天生環境更好的未來，無論他在哪裡成長，都還能相信自己有能力實踐夢想。

在社區工作上運用我們對神經細胞的了解，我們可以協助達成這個夢想。我們只需要檢視自己的社區、城市、州，就能發現和支持讓兒童擁有良好環境、關懷並積極回應的成人、幼兒教育資源的的各種努力，讓差距儘早消失，造成終身的影響。

從荒涼西部到淘金熱

講到如何讓孩子成功，好消息就是我們知道要為自己的孩子做些什麼、何時做、如何做。剩下的問題是：我們要如何顧及所有的孩子呢？我的心中充滿了希望。以前的幼兒教育是孤軍奮戰，不僅研究被忽視，經費也不足，簡直像是荒涼的西部墾荒，現在則開始像是淘金熱了。雖然許多幼兒教育的前輩花了幾十年披荊斬棘，築路架橋，才有了今日的局面。他們以前獨自奮鬥，沒有受到社會注意和支持。

因為二十一世紀對幼兒腦部有了新的理解，我們得到鼓舞，前方的道路豁然開朗。社會裡的各種範疇，例如企業、經濟、司法系統、軍方都隨著小兒科醫師、心理學家、教育家、社會科學家和神經科學家的腳步，聚焦於幼兒生命的頭五年。

幼兒教育界究竟發生了什麼事情，才能引起大家轉頭注意呢？越來越多人注意到本書依據的科學，越來越多的人不得不相信，在生命最早的幾週、幾月、幾年裡發生的事情至關重要。

並非所有家長都知道兒童發育的驚人科學，也沒有他們需要的親職技巧，同時，幾乎四分之一的美國兒童處於貧困狀態。一旦了解這些狀況，想一想就知道了，我們必須投資在這些家長身上，改變他們孩子的未來，情況刻不容緩。不難看出來為什麼事態如此緊急。

大家確實開始努力了。例如 Too Small to Fail（提出「講話就是教導 Talking Is Teaching」）[7]、Vroom[8]、Zero to Three[9]、30 Million Words Initiative[10]等等機構，就是在努力提供家長所需的資訊與支持，給孩子最佳的起跑點。全國企業領袖、富豪五百（Fortune 500），甚至全球企業領袖團結起來，組成了ReadyNation，提倡和嬰兒說話的重要性，以及幼兒發展對職場發展的重要性[11]。經濟學者檢視人類青春資產時，證實早期投資將會帶來可觀的利益[12]。即便美國聯邦儲備系統（Federal Reserve）也參與了，共同舉辦幼兒論壇，主題就是提供金融支持，投資在高品質的學前教育、家庭訪問、產前檢查以及其他服務。[13]

我們面對的挑戰很複雜。資深蓋洛普科學家，同時也是世界知名的希望研究者夏恩・羅培茲說，從現況到未來的路從來不是直的，而且也不會只有一條路[14]。我相信，還是有希望的。我看到各種概念、專業和企業的交會處，最容易產生創新的解決辦法。我真心相信，如果我們持續團結，為了幼兒的利益著想，將大家的努力、研究和資源集結在一起，我們可以讓氣成真。

著手認真行事

二〇一四年四月，寶僑公司（Procter & Gamble）前主席兼執行長約翰．派波爾（John E. Pepper）在美國參議院的健康、教育、人力和退休金委員會（Committee on Health, Education, Labor, and Pensions）公聽會發表演說：

為了讓美國企業在全球經濟體成功競爭，員工必須具有知識、技巧和能力，能夠溝通、合作和批判性思考。研究顯示，這些社會和基本教育技能的基礎在幼兒時期發展。生命的頭五年是腦部發育的獨特階段，為終身學習建立基礎。到了兩三歲，就已經出現成就差距了。研究顯示，低收入戶兒童只知道較高收入戶兒童的一半詞彙。兒童進入大班時，已經有明顯的數學成就差距……在企業界，我們很少能夠根據證據投資，但是投資在幼兒發展與教育的經濟價值卻有很強的證據。

給孩子的訊息

二〇一五年十二月，臉書創辦人馬克．祖克伯（Mark Zuckerberg）的長女誕生不久，他寫了一封令人感動的信給女兒[15]。信的開頭是這麼說的：

親愛的麥克絲：

你的母親和我還找不到字眼來描述你帶給我們的未來希望。你的新生命充滿了前景，我們希望你可以快樂健康，讓你得以盡情探索。你已經讓我們有理由開始思考，我們希望你生活的世界。

他用清澈深思的父親角色繼續寫道：

就像所有的父母，我們希望你成長在一個比今日更美好的世界……我們會盡力讓世界更好，不但因為我們愛你，也因為我們對下一代所有的孩子有道德責任。

祖克伯和妻子普莉西拉・陳（Priscilla Chan）為了改善女兒的那一代，以及而後許多個世世代代，捐贈了不知凡幾的金錢。他們以一個父母親的心意發願重視「每一位」兒童，讓「每一位」兒童無論生在何處，都有機會好好成長。這個願望是我們每一個人都可以盡力的。我們的社會不能不如此努力。

英文註釋

第一部　介紹:

The Start-Up of Your Baby

1. *Reid Hoffman and Ben Casnocha, The Start-Up of You: Adapt to the Future, Invest in Yourself, and Transform Your Career (New York: Crown Business, 2012).*
2. *Steve Denning, "What the Emerging Creative Economy Means for Jobs" (presentation, Innovation 4 Jobs [i4j] Summit, Stanford Research Institute [SRI], Palo Alto, CA, January 28, 2016).*
3. *"About the Medici Group," Medici Group Consulting, accessed August 13, 2016.*
4. *Frans Johansson, The Medici Effect: What Elephants and Epidemics Can Teach Us About Innovation (Boston: Harvard Business School Press, 2006).*
5. *Hoffman and Casnocha, Start-Up of You, 224.*
6. *Jennifer Senior, All Joy and No Fun: The Paradox of Modern Parenthood (New York: HarperCollins, 2014), 10.*
7. *Steven Peterson, Peter Jaret, and Barbara Schenck, Business Plans Kit For Dummies (Hoboken, NJ: Wiley, 3rd ed., 2010), 11.*
8. *Erica Olsen, Strategic Planning Kit For Dummies (Hoboken, NJ: Wiley, 2nd ed., 2011), 15.*
9. *Tom Rath and Jim Harter, Wellbeing: The Five Essential Elements (New York: Gallup Press, 2010), 6.*
10. *Olsen, Strategic Planning Kit For Dummies, 36.*

第一章　為什麼是我們？

1. Benjamin Spock, *The Commonsense Book of Baby and Child Care* (New York: Duell, Sloan & Pearce, 1946).
2. Jane E. Brody, "Final Advice from Dr. Spock: Eat Only All Your Vegetables," *New York Times,* June 20, 1998.
3. Eric Pace, "Benjamin Spock, World's Pediatrician, Dies at 94," *New York Times,* March 17, 1998.

4. Daniel J. Levitin, *The Organized Mind: Thinking Straight in the Age of Information Overload* (New York: Penguin, 2014).
5. J. Peder Zane, "In the Age of Information, Specializing to Survive," *New York Times,* March 19. 2015.
6. Laura A. Jana and Jennifer Shu, *Heading Home with Your Newborn: From Birth to Reality* (Elk Grove Village, IL: American Academy of Pediatrics, 3rd ed., 2015).
7. Simon Sinek, *Leaders Eat Last: Why Some Teams Pull Together and Others Don't* (New York: Penguin, 2014).
8. Nick Galifianakis, "Five Years," Nick and Zuzu, March 7, 2007.
9. Clayton Christensen and Derek van Bever, "The Capitalist's Dilemma," *Harvard Business Review,* June 2014.
10. Stephen Covey, *7 Habits of Highly Effective People* (New York: Simon & Schuster, 1990).

第二章　為什麼是現在？

1. Susan Sorenson, "Don't Pamper Employees—Engage Them," Gallup, July 2, 2013.
2. Kenneth R. Ginsburg, *Building Resilience in Children and Teens: Giving Kids Roots and Wings* (Elk Grove Village, IL: American Academy of Pediatrics, 2014).
3. A. G. Lafley and Roger L. Martin, *Playing to Win: How Strategy Really Works* (Boston: Harvard Business Publishing, 2013).
4. Bob Evans, "Global CIO: Google CEO Eric Schmidt's Top 10 Reasons Why Mobile Is #1," Government *InformationWeek*, April 14, 2010.
5. Tamar Lewin, "If Your Kids Are Awake, They're Probably Online," *New York Times,* January 20, 2010.
6. Rita McGrath, "Management's Three Eras: A Brief History," *Harvard Business Review,* July 30, 2014.

7. Claire Cain Miller, "Why What You Learned in Preschool Is Crucial at Work," *New York Times,* October 16, 2015.
8. Reid Hoffman and Ben Casnocha, *The Start-Up of You: Adapt to the Future, Invest in Yourself, and Transform Your Career* (New York: Crown Business, 2012), 5.
9. Rebecca J. Rosen, "Project Classroom: Transforming Our Schools for the Future," *The Atlantic,* August 29, 2011.
10. Thomas L. Friedman, "It's a 401(k) World," *New York Times,* April 30, 2013.
11. Simon Sinek, "How Great Leaders Inspire Action," filmed September 2009, TED video, 18:04.
12. Simon Sinek, *Start with Why: How Great Leaders Inspire Everyone to Take Action* (New York: Penguin, 2009).
13. "Mind the Gaps: The 2015 Deloitte Millennial Survey: Executive Summary," Deloitte.
14. Sorenson, "Don't Pamper Employees."
15. Ben Hecht, "Collaboration Is the New Competition," *Harvard Business Review,* January 10, 2013.
16. Miller, "Why What You Learned in Preschool Is Crucial at Work."
17. "The Principles," MIT Media Lab, accessed August 13, 2016.
18. Hoffman and Casnocha, *Start-Up of You*, 177.

第三章　為什麼要早？

1. Congressional Record, V. 147, Pt. 3, March 8, 2001 to March 26, 2001, p. 4465.
2. Robert Fulghum, *All I Really Need to Know I Learned in Kindergarten: Uncommon Thoughts on Common Things* (New York: Random House, 1986).
3. Valerie Strauss, "Report Debunks 'Earlier Is Better' Academic Instruction for Young Children," *Washington Post,* April 12, 2015.
4. Lilian Katz, *Lively Minds: Distinctions between Academic versus Intellectual Goals for Young Children,* Defending the Early Years, 2015.

5. Rachel Saslow, "Teaching Babies to Read: Is It Possible? Several Companies Say Yes, But Study Says No," *Washington Post,* May 5, 2014.
6. "Elimination Communication," Wikipedia.
7. *Early Warning Confirmed: A Research Update on Third-Grade Reading,* Annie E. Casey Foundation, November 29, 2013.
8. "Important Milestones: Your Child at Two Years," Centers for Disease Control and Prevention, January 21, 2016.
9. P. L. Morgan, G. Farkas, M. M. Hillemeier, C. S. Hammer, and S. Maczuga, "24-Month-Old Children with Larger Oral Vocabularies Display Greater Academic and Behavioral Functioning at Kindergarten Entry," *Child Development* 86, no. 5 (September–October 2015): 1351–1370.
10. D. E. Jones, M. Greenberg, and M. Crowley, "Early Social-Emotional Functioning and Public Health: The Relationship between Kindergarten Social Competence and Future Wellness," *American Journal of Public Health* 105, no. 11 (November 2015): 2283–2290.
11. W. Mischel and E. B. Ebbesen, "Attention in Delay of Gratification," *Journal of Personality and Social Psychology* 16, no. 2 (1970): 329–337.
12. Tom Wujec, "The Marshmallow Challenge," Tom Wujec (blog), www.marshmallowchallenge.com/Welcome.html.
13. Ray Villard, "The Milky Way Contains at Least 100 Billion Planets According to Survey," HubbleSite.org, January 11, 2012, archived from the original on July 23, 2014.
14. "Brain Architecture," Center on the Developing Child, Harvard University (website).
15. P. K. Kuhl, "Brain Mechanism in Early Language Acquisition," *Neuron* 67, no. 5 (September 2010): 713–727.

16. Joel Schwarz, "Brief Exposure to Mandarin Can Help American Infants Learn Chinese," University of Washington, February 17, 2003.
17. P. K. Kuhl, "Is Speech Learning 'Gated' by the Social Brain?" *Developmental Science* 10, no. 1 (2007): 110–120.
18. "Key Concepts: Serve and Return," Center on the Developing Child, Harvard University (website).
19. "Key Concepts: Executive Function and Self-Regulation," Center on the Developing Child, Harvard University (website).
20. Center on the Developing Child at Harvard University (2011). Building the Brain's "Air Traffic Control" System: How Early Experiences Shape the Development of Executive Function: Working Paper No. 11. Retrieved from www.developingchild.harvard.edu.
21. Center on the Developing Child at Harvard University, Building the Brain's "Air Traffic Control" System.
22. Adele Diamond, W. Steven Barnett, Jessica Thomas, and Sarah Munro, "Preschool Program Improves Cognitive Control," *Science* 318, no. 5855 (November 30, 2007): 1387–1388.
23. Center on the Developing Child at Harvard University, Building the Brain's "Air Traffic Control" System.
24. Center on the Developing Child at Harvard University, Building the Brain's "Air Traffic Control" System.
25. "Developmental Milestones," Centers for Disease Control and Prevention, accessed May 10, 2016.
26. Patricia Kuhl, "The Linguistic Genius of Babies," filmed October 2010, TED video, 10:17.
27. Pat Levitt, "Making the Case for Investing in Early Childhood" (keynote presentation, Child Trend's Building Our Future: Strategies for Investing in Early

Childhood convening supported by Robert Wood Johnson and George Kaiser Family Foundations, Tulsa, OK, May 2, 2016).

28. S. L. Calvert, B. L. Strong, E. L. Jacobs, and E. E. Conger, "Interaction and Participation for Young Hispanic and Caucasian Girls' and Boys' Learning of Media Content," *Media Psychology* 9 (2007): 431–445.
29. G. L. Troseth, M. M. Saylor, and A. H. Archer, "Young Children's Use of Video as a Source of Socially Relevant Information," *Child Development* 77, no. 3 (May–June 2006): 786–799.
30. Perks, "Emotional Intelligence: One of the Hottest Words in Corporate America," Perks Consulting, February 3, 2009.
31. Michael C. Frank, Edward Vul, and Scott P. Johnson, "Development of Infants' Attention to Faces during the First Year," *Cognition* 110, no. 2 (2009): 160–170.
32. Patricia K. Kuhl, "Early Language Acquisition: Cracking the Speech Code," *Nature Reviews Neuroscience* 5, no. 11 (2004): 831–843.
33. D. A. Anderson, J. Bryant, W. Wilder, A. Santomero, M. Williams, and A. M. Crawley, "Researching Blue's Clues: Viewing Behavior and Impact," *Media Psychology* 2 (2000): 179–194.
34. A. M. Crawley, D. R. Anderson, A. W. Wilder, M. Williams, and A. Santomero, "Effects of Repeated Exposures to a Single Episode of the Television Program Blue's Clues on the Viewing Behaviors and Comprehension of Preschool Children," *Journal of Educational Psychology* 91 (1999): 630–637.
35. R. Barr, R. Muentener, A. Garcia, M. Fujimoto, and V. Chavez, "The Effect of Repetition on Imitation from Television during Infancy," *Developmental Psychobiology* 49 (2007): 196–207.
36. T. Christina Zhao and Patricia K. Kuhl, "Musical Intervention Enhances Infants' Neural Processing of Temporal Structure in Music and Speech," *Proceedings of the National Academy of Sciences* 113, no. 19 (2016): 5212–5217.

37. Alison Gopnik, *The Philosophical Baby: What Children's Minds Tell Us about Truth, Love, and the Meaning of Life* (New York: Farrar, Straus and Giroux, 2009).

38. J. R. Saffran, R. N. Aslin, and E. L. Newport, "Statistical Learning by 8-Month-Old Infants," *Science* 274, no. 5294 (1996): 1926–1928.

39. Laura Schulz, "The Surprisingly Logical Minds of Babies," filmed March 2015, TED video, 20:18.

第二部分　氣的技能

1. "Yuán qì," Wikipedia.

2. "Qi," Wikipedia.

3. "What Is Quality Improvement?" Department of Community and Family Medicine, Duke University School of Medicine (website).

第四章　「QI」技能一：我

1. "History," Keep Calm and Carry On, www.keepcalmandcarryon.com/history.

2. Francisco Sáez, "Peter Drucker, on Self-Management," Facile Things (blog), www.facilethings.com/blog/en/peter-drucker-self-management.

3. Daniel H. Pink, *Drive: The Surprising Truth About What Motivates Us* (New York: Riverhead Books, 2011).

4. Jim Collins, foreword to *The Daily Drucker,* by Peter Drucker (New York: HarperCollins, 2004).

5. Pink, *Drive.*

6. "Airport Yoga and Meditation Rooms: 5 U.S. Airport Spaces for On-the-Go Zen," Travel, *Huffington Post,* June 20, 2013.

7. Laszlo Bock, *Work Rules!: Insights from Inside Google That Will Transform How You Live and Lead* (New York: Hachette Book Group, 2015).

8. Kate Everson, "SAP's Sold on Self-Awareness," Chief Learning Officer, January 2, 2015.
9. "Stanford Marshmallow Experiment," Wikipedia.
10. Drake Bennett, "What Does the Marshmallow Test Actually Test?" Bloomberg, October 17, 2012.
11. B. J. Casey, L. H. Somerville, I. H. Gotlib, O. Ayduk, N. T. Franklin, M. K. Askren, J. Jonides, et al., "Behavioral and Neural Correlates of Delay of Gratification 40 Years Later," *Proceedings of the National Academy of Sciences* 108, no. 36 (July 2011): 14998–15003.
12. T. E. Moffitt, L. Arseneault, D. Belsky, N. Dickson, R. J. Hancox, H. Harrington, R. Houts, et al., "A Gradient of Childhood Self-Control Predicts Health, Wealth, and Public Safety," *Proceedings of the National Academy of Sciences* 108, no. 7 (February 15, 2011): 2693–2698.
13. Shael Polakow-Suransky and Nancy Nager, "The Building Blocks of a Good Pre-K," *New York Times,* October 21, 2014.
14. Angela Lee Duckworth, "Grit: The Power of Passion and Perseverance," filmed April 2013, TED video, 6:12.
15. L. Flook, S. B. Goldberg, L. Pinger, and R. J. Davidson, "Promoting Prosocial Behavior and Self-Regulatory Skills in Preschool Children through a Mindfulness-Based Kindness Curriculum," *Developmental Psychology* 5, no. 1 (January 2015): 44–51.
16. Ellen Galinsky, *Mind in the Making: The Seven Essential Life Skills Every Child Needs* (New York: HarperCollins, 2010), 32.
17. Galinsky, *Mind in the Making,* 26.
18. Rosemarie Truglio, PhD, phone conversation with the author, May 16, 2016.
19. Sam Stein, "The Scientist Who Taught Cookie Monster Self-Control Has a Warning for Congress," Politics, *Huffington Post,* September 18, 2015.

20. Deborah Linebarger, *Lessons from Cookie Monster: Educational Television, Preschoolers, and Executive Function,* Iowa Children's Media Lab, University of Iowa, 2014.
21. Linebarger, *Lessons from Cookie Monster,* 5.
22. Rosemarie Truglio PhD, phone conversation with author, May 16, 2016.
23. Sesame Street, "Me Want It (But Me Wait)," YouTube video, 3:10, August 5, 2013.
24. Chen Yu and Linda Smith, "The Social Origins of Sustained Attention in One-Year-Old Human Infants," *Current Biology* 26, no. 9 (May 9, 2016): 1235–1240.
25. D. J. Leong and E. Bodrova, "Assessing and Scaffolding Make-Believe Play," *Young Children* 67 no. 1 (2012): 28–34.
26. Elena Bodrova, Carrie Gemeroth, and Deborah J. Leong, "Play and Self-Regulation: Lessons from Vygotsky," *American Journal of Play* 6, no. 1 (2013): 111-123.
27. M. E. Schmidt, T. A. Pempek, H. L. Kirkorian, A. F. Lund, and D. R. Anderson, "The Effects of Background Television on the Toy Play Behavior of Very Young Children," *Child Development* 79 (2008): 1137–1151. doi: 10.1111/j.1467–8624.2008.01180.x.
28. Kelly April Tyrrell, "'Kindness Curriculum' Boosts School Success in Preschoolers," School of Education, University of Wisconsin–Madison, February 3, 2015.
29. Adele Diamond and Daphne S. Ling, "Conclusions about Interventions, Programs, and Approaches for Improving Executive Functions That Appear Justified and Those That, Despite Much Hype, Do Not," *Developmental Cognitive Neuroscience* 18 (2016): 34–48.

第五章　「QI」技能二：我們

1. "Pauline Phillips," Wikipedia.
2. Deborah Tannen, "Donahue Talked, Oprah Listened," *New York Times,* November 28, 2009.

3. Kiri Blakeley, "The Most Influential Women in Media," *Forbes,* July 14, 2009.
4. Marilyn Kennedy Melia, "Looking for 'People' People." *Omaha World-Herald,* December 6, 2015.
5. Suzy Kassem, *Rise Up and Salute the Sun: The Writings of Suzy Kassem* (Dubai, UAE: Awakened Press, 2011).
6. Reid Hoffman and Ben Casnocha, *The Start-Up of You: Adapt to the Future, Invest in Yourself, and Transform Your Career* (New York: Crown Business, 2012), 87–88.
7. "About Daniel Goleman," Daniel Goleman, http://www.danielgoleman.info/biography/.
8. Daniel Goleman, *Emotional Intelligence: Why It Can Matter More Than IQ* (New York: Bantam Dell, 1995).
9. Alison Gopnik, "'Empathic Civilization': Amazing Empathic Babies," The Blog (blog), *Huffington Post,* April 26, 2010.
10. Stephen Klasko, "What Doctors Aren't Learning in Medical School and Why It Matters," *Forbes,* July 27, 2015.
11. D. E. Jones, M. Greenberg, and M. Crowley, "Early Social-Emotional Functioning and Public Health: The Relationship between Kindergarten Social Competence and Future Wellness," *American Journal of Public Health* 105, no. 11 (November 2015): 2283–2290.
12. Rechele Brooks and Andrew N. Meltzoff, "The Development of Gaze Following and Its Relation to Language," *Developmental Science* 8, no. 6 (2005): 535–543.
13. Paul Tough, "Can the Right Kinds of Play Teach Self-Control?" *New York Times,* September 26, 2009.

第六章　「QI」技能三：為什麼

1. Olivier Serrat, *The Five Whys Technique* (Manila, Philippines: Asian Development Bank, February 2009).
2. Serrat, *Five Whys Technique.*

3. Jeff Dyer, Hal Gregersen, and Clayton Christensen, *The Innovator's DNA: Mastering the Five Skills of Disruptive Innovators* (Boston: Harvard Business Review Press, 2011), 77.
4. Peter Diamandis and Steven Kotler, *Abundance: The Future Is Better Than You Think* (New York: Simon & Schuster, 2012), 34.
5. David Sturt and Todd Nordstrom, "Are You Asking the Right Question?" *Forbes,* October 18, 2013.
6. Warren Berger, "Why Curious People Are Destined for the C-Suite," *Harvard Business Review,* September 11, 2015.
7. Berger, "Why Curious People Are Destined for the C-Suite."
8. Jeffrey H. Dyer, Hal Gregersen, and Clayton M. Christensen, "The Innovator's DNA," *Harvard Business Review,* December 2009.
9. Jeff Dyer, Hal Gregersen, and Clayton Christensen, *The Innovator's DNA: Mastering the Five Skills of Disruptive Innovators*, 71.
10. Jeffrey H. Dyer, Hal Gregersen, and Clayton M. Christensen, "The Innovator's DNA," *Harvard Business Review.*
11. Scott O. Lilienfeld and Hal Arkowitz, "Why 'Just Say No' Doesn't Work," *Scientific American,* January 1, 2014.
12. Jessica Lahey, "Educating an Original Thinker," *The Atlantic,* February 12, 2016.
13. Adam M. Grant, *Originals: How Non-Conformists Move the World* (New York: Penguin, 2016).
14. Jeff Dyer, Hal Gregersen, and Clayton Christensen, *The Innovator's DNA: Mastering the Five Skills of Disruptive Innovators*, 23.
15. Jeff Dyer, Hal Gregersen, and Clayton Christensen, *The Innovator's DNA: Mastering the Five Skills of Disruptive Innovators*, 74.

第七章　「QI」技能四：意志

1. "Harry Harlow 1905–1981," PBS, http://www.pbs.org/wgbh/aso/databank/entries/bhharl.html.
2. "Notable Research Completed at the Harlow Center: Dr. Harry Harlow," Harlow Center for Biological Psychology, University of Wisconsin–Madison (website).
3. "A History of Primate Experimentation at the University of Wisconsin, Madison–The early years: Harlow and 50 years of cruelty," Madison's Hidden Monkeys (website).
4. "Notable Research Completed at the Harlow Center: History," Harlow Center of Biological Psychology, University of Wisconsin-Madison (website).
5. Daniel H. Pink, *Drive: The Surprising Truth About What Motivates Us* (New York: Riverhead Books, 2011).
6. Pink, *Drive.*
7. Pink, *Drive.*
8. Pink, *Drive.*
9. Watty Piper, *The Little Engine That Could* (New York: Philomel Books, 2005)
10. Dave Coverly, "Speed Bump," cartoon, image no. 116565, September 25, 2014.
11. M. T. Greenberg, R. P. Weissberg, M. U. O'Brien, J. E. Zins, L. Fredericks, H. Resnik, and M. J. Elias, "Enhancing School-Based Prevention and Youth Development through Coordinated Social, Emotional, and Academic Learning," *American Psychologist* 58, no. 6/7 (2003): 466–474.
12. James Heckman, *James Heckman Changes the Equation for American Prosperity* (Chicago: Heckman Equation, 2013), 4.
13. Ellen Galinsky, *Mind in the Making: The Seven Essential Life Skills Every Child Needs* (New York: HarperCollins, 2010), 11.
14. Margaret Wise Brown, *Goodnight Moon* (New York: HarperFestival, 2007), 5.

第八章　「QI」技能五：扭動

1. Nilofer Merchant, "Got a Meeting? Take a Walk," filmed February 2013, TED video, 3:28.
2. Nilofer Merchant, "Sitting Is the Smoking of Our Generation," *Harvard Business Review,* January 14, 2013.
3. Henry David Thoreau, *Thoreau: A Book of Quotations* (Mineola, NY: Dover Publications, 2001).
4. M. Oppezzo and D. L. Schwartz, "Give Your Ideas Some Legs: The Positive Effect of Walking on Creative Thinking," *Journal of Experimental Psychology: Learning, Memory and Cognition* 40, no. 4 (2014): 1142–1152.
5. L. Bolz, S. Heigele, and J. Bischofberger, "Running Improves Pattern Separation during Novel Object Recognition," *Brain Plasticity* 1, no. 1 (2015): 129–141.
6. E. M. Hunter and C. Wu, "Give Me a Better Break: Choosing Workday Break Activities to Maximize Resource Recovery," *Journal of Applied Psychology* 10, no. 2 (2016): 302–311, doi:10.1037/apl0000045.
7. Charles H. Hillman, Kirk I. Erickson, and Arthur F. Kramer, "Be Smart, Exercise Your Heart: Exercise Effects on Brain and Cognition," *Nature Reviews Neuroscience* 9, no. 1 (2008): 58–65.
8. Jeff Dyer, Hal Gregersen, and Clayton Christensen, *The Innovator's DNA: Mastering the Five Skills of Disruptive Innovators* (Boston: Harvard Business Review Press, 2011), 24.
9. Pooja S. Tandon, Brian E. Saelens, and Dimitri A. Christakis, "Active Play Opportunities at Child Care," *Pediatrics,* May 2015, doi:10.1542/peds.2014–2750.
10. M. Klaus and J. Kennel, "Commentary: Routines in Maternity Units: Are They Still Appropriate for 2002?" *Birth* 28, no. 4 (2001): 274–275.
11. Andrew N. Meltzoff and M. Keith Moore, "Imitation of Facial and Manual Gestures by Human Neonates," *Science* 198, no. 4312 (October 1977): 75–78.

12. Lea Winerman, "The Mind's Mirror," *Monitor on Psychology* 36, no. 9 (October 2005): 48.
13. Robert Kalan, *Jump, Frog, Jump!* (New York: Greenwillow Books, 1989).
14. Raffi, *Wheels on the Bus* (New York: Knopf Books for Young Readers, 1998).

第九章　「QI」技能六：搖晃

1. "Weebles," Wikipedia.
2. Wendy Mogel, *The Blessing of a Skinned Knee: Using Jewish Teachings to Raise Self-Reliant Children* (New York: Penguin Group, 1988).
3. Kathy Chin Leong, "Google Reveals Its 9 Principles of Innovation," *Fast Company,* November 20, 2013.
4. Laszlo Bock, *Work Rules! That Will Transform How You Live and Lead* (New York: Hachette Book Group, 2015).
5. J. V. Matso, "Failure 101: Rewarding Failure in the Classroom to Stimulate Creative Behavior," *Journal of Creative Behavior* 25, no. 1 (March 1991): 82–85.
6. Tom Wujec, "Marshmallow Challenge," Design Projects Design Exercise, TED, February 4, 2015.
7. Tom Wujec, "Build a Tower, Build a Team," filmed February 2010, TED video, 6:51.
8. "'Bubble Boy' 40 Years Later: Look Back at Heartbreaking Case," CBSNews.
9. Carol Dweck, *Mindset: The New Psychology of Success* (New York: Ballantine Books, 2008).

第十章　「QI」技能七：如果

1. Kenneth Robinson, "Do Schools Kill Creativity?" filmed February 2006, TED video, 19:24.

2. Virginia Heffernan, "Education Needs a Digital-Age Upgrade," Opionionator (blog), *New York Times,* August 7, 2011.
3. Steve Denning, "What the Emerging Creative Economy Means for Jobs" (presentation, Innovation 4 Jobs [i4j] Summit, Stanford Research Institute [SRI], Palo Alto, CA, January 28, 2016).
4. Richard Florida, *The Rise of the Creative Class: And How It's Transforming Work, Leisure, Community, and Everyday Life* (New York: Basic Books, 2002).
5. Heffernan, "Education Needs a Digital-Age Upgrade."
6. Robinson, "Do Schools Kill Creativity?"
7. John Muir, "The National Parks and Forest Reservations," *Sierra Club Bulletin* 1, no. 7 (January 1896): 271–284.
8. Jean Piaget, speaking at a conference in Kyoto, Japan, 1971.
9. Creative Oklahoma, www.stateofcreativity.com/.
10. Kenneth Robinson, "All Our Futures: Creativity, Culture and Education" (presentation, 2015 World Creativity Forum, Thelma Gaylord Performing Arts Theater, Oklahoma City, OK, March 31, 2015).
11. Reid Hoffman and Ben Casnocha, *The Start-Up of You: Adapt to the Future, Invest in Yourself, and Transform Your Career* (New York: Crown Business, 2012), 3.
12. "IBM 2010 Global CEO Study: Creativity Selected as Most Crucial Factor for Future Success," news release, IBM, May 18, 2010.
13. Warren Berger, "Why Curious People Are Destined for the C-Suite," *Harvard Business Review,* September 11, 2015.
14. Creative Oklahoma, e-mail promotion for the annual Disney Institute and Rose State Partnership for Business Professionals and 1-Day Business Training from Disney Institute on the September 17, 2015.
15. "The World's 50 Greatest Leaders (2014)," *Fortune,* March 20, 2014.
16. Peter Diamandis, "Raising Kids during Exponential Times," Peter Diamandis (blog), 2015.

17. Bart Conner, "Ideas That Matter—an Oklahoma Experiment" (presentation, 2015 World Creativity Forum, Thelma Gaylord Performing Arts Theater, Oklahoma City, OK, March 31, 2015).
18. John S. Hutton, Tzipi Horowitz-Kraus, Alan L. Mendelsohn, Tom DeWitt, Scott K. Holland, the C-MIND Authorship Consortium, "Home Reading Environment and Brain Activation in Preschool Children Listening to Stories," *Pediatrics* 126, no. 3 (September 2015): 466–478.
19. Michele Root-Bernstein, "Imaginary Worldplay as an Indicator of Creative Giftedness," in *International Handbook on Giftedness,* ed. Larisa V. Shavinina (Dordrecht, the Netherlands: Springer Netherlands, 2009), 599–616.
20 Peter H. Reynolds, *Creatrilogy Box Set (Dot, Ish, Sky Color)* (Somerville, MA: Candlewick Press, 2012).
21. Jeanne E. Arnold, Anthony P. Graesch, Enzo Ragazzini, and Elinor Ochs, *Life at Home in the Twenty-First Century: 32 Families Open Their Doors* (Los Angeles: Cotsen Institute of Archaeology Press, 2012).
22. A. V. Sosa, "Association of the Type of Toy Used during Play with the Quantity and Quality of Parent-Infant Communication," *JAMA Pediatrics,* published online December 23, 2015, doi:10.1001/jamapediatrics.2015.3753.
23. Adele Diamond, quoted in Ellen Galinsky, *Mind in the Making: The Seven Essential Life Skills Every Child Needs* (New York: HarperCollins, 2010), 9.
24. Krista Tippett, "Transcript for Rex Jung: Creativity and the Everyday Brain," *On Being* (radio program), August 20, 2015.

第十一章　每個孩子都該擁有 QI 技能

1. UMass Boston, "Still Face Experiment: Dr. Edward Tronick," YouTube video, 2:48, filmed 2007, posted November 30, 2009.
2. Ryan White, "Language Gap between Rich and Poor Evident in Toddlers," USC Annenberg Center for Health Journalism, October 9, 2013.
3. Laura J. Colker, "The Word Gap: The Early Years Make the Difference," Teaching Young Children 7, no. 3 (2014): 26–28.
4. Center on the Developing Child at Harvard University (2011). Building the Brain's "Air Traffic Control" System: How Early Experiences Shape the Development of Executive Function: Working Paper No. 11. Retrieved from www.developingchild.harvard.edu.
5. James Heckman, "Going Forward Wisely" (presentation, White House Summit on Early Education, Washington, DC, December 15, 2014).
6. Shane J. Lopez, *Making Hope Happen: Create the Future You Want for Yourself and Others* (New York: Simon & Schuster, 2013).
7. Too Small to Fail, www.clintonfoundation.org/our-work/too-small-fail.
8. Vroom, www.joinvroom.org.
9. Zero to Three: National Center for Infants, Toddlers, and Families, www.zerotothree.org.
10. Thirty Million Words, www.thirtymillionwords.org.
11. ReadyNation, http://www.readynation.org.
12. The Heckman Equation, http://heckmanequation.org.
13. "Human Capital Research Collaborative National Invitational Conference Agenda," Human Capital Research Collaborative, https://humancapitalrc.org/news-and-events/2015-conference/conference2015-agenda.
14. Lopez, *Making Hope Happen,* 18.
15. Rose Pastore, "Read Mark Zuckerberg's Letter to His Newborn Daughter," *Fast Company,* December 1, 2015.

「QI」的資源：閱讀材料——兒童版的「氣」資源

培育氣技能的兒童書

正如我們討論過的，如果我們希望讓幼兒理解自己所生活的世界、拓展他們的世界觀，介紹幼兒看書是最佳方法之一，他們可以參與書中的故事、情緒和經驗。和孩子一起出聲朗讀，他不只是接觸到書的內容、逐字分享每一頁的文字或是學會閱讀而已，他也可以培育閱讀興趣，以及培育七種氣技能的核心。如果你和孩子每天花時間分享有意義的互動，將協助孩子獲得人生的成功。

一開始，先尋找適合孩子年紀和發育階段的書，例如嬰兒可以觸摸、感覺，甚至滴口水在上面的書。從當父母的第一天就開始將閱讀當成你和孩子分享的活動。當孩子長大，你只需要增加新書，介紹新的圖像、聲音、情緒、好玩的兒歌、適合孩子的挑戰。

雖然有無數的兒童書供你選擇，某些書會比較聚焦在氣技能，或是主題根本就是在說氣技能。你會發現，一本書可能會談到好幾項氣技能。為什麼技能比較沒有明白地出現在書中，而是存在於孩子對所有書的好奇和興趣之中。

以下是我個人、朋友和同事介紹的許多最受歡迎的經典和現代故事書。當你開始探索兒童書世界中的氣技能時，可以考慮這些書。

我技能和我們技能

- ***Baby Faces Board Book***（DK Publishing）。我技能和我們技能都需要孩子首先能夠辨認、理解和指認情緒。這本愉快的書裡有許多有趣的臉，正適合嬰兒探索。很適合（而且耐用）讓幼兒接觸快樂、哀傷、迷惑、生氣、擔心，以及其他重要情緒。
- ***Duck & Goose: Goose Needs a Hug***（Tad Hills）。這個簡單的故事是在講一隻哀傷的鵝。牠的羽毛朋友知道牠很哀傷，試著找出讓牠快樂的方法。廣義地說，這本書是關於關係、閱讀情緒的能力、表達同理心的能力。這些都是我們技能的核心。
- ***The Grouchy Ladybug***（Eric Carle）。幼兒、青少年，甚至成人都不免有時覺得有一肚子氣。很幸運的，與幼兒分享這本書，將可以協助幼兒認識這種情緒，同時從壞脾氣的小瓢蟲身上學到我技能和我們技能，可以控制社會不能接受的、發脾氣的衝動。本書以壞脾氣的小瓢蟲為例，壞行為包括尖叫、大吼、拒絕分享和別人處不來。

- ***I Say, You Say Feelings!***（Tad Carpenter）。這是一套翻翻書的其中一本，特別著重在情緒部分，裡面不僅有插話圖解，把圖片翻起來還可看到敘述，對孩子探索情緒、了解情緒很有幫助。
- Leo Lionni 寫的 ***It's Mine***和 ***Little Blue and Little Yellow***。這兩本可愛的書呈現出學習我們技能的力量、重要性和挑戰。*It's Mine* 著重於衝動控制和學習分享，*Little Blue and Little Yellow* 則從鮮明而簡單（儘管有點抽象）的觀點來看友誼、分歧和包容。
- Elizabeth Verdick 寫的系列書籍，非常實用，探討衝動控制與自我控制，包括 ***Teeth Are Not for Biting***、***Feet Are Not for Kicking***、***Voices Are Not for Yelling***、***Words Are Not for Hurting***。還有Martine Agassi寫的***Hands Are Not for Hitting***，以及Verdick負責寫作的繪本***Calm Down Time***和***Listening Time***。
- ***When I Feel*** 系列書籍（Cornelia Maude Spelman）。這是一系列探討情緒的書籍，包括：***Worried***、***Angry***、***Sad***、***Scared***、***Jealous***。
- Rosemary Wells 寫的 ***Time Out for Sophie***、***Sophie's Terrible Twos***、***Hands Off, Harry!*** 和 ***Yoko's World of Kindness***。
- Helen Lester 寫的***All for Me and None for All***、***Me, First*** 和 ***Listen, Buddy***。
- ***The Way I Feel***（Janan Cain）
- ***The Way I Act***（Steve Metzger）
- ***I Can Do It Too!***（Karen Baicker）
- ***Go! Go! Go! Stop!***（Charise Mericle Harper）

- ***A Color of His Own***（Leo Lionni)
- ***Amazing Me: It's Busy Being 3!***（Julia Cook和Laura Jana合著）
- ***The Feelings Book***（Todd Parr）
- ***Hurty Feelings***（Helen Lester）
- ***My Many Colored Days***（Dr. Seuss）
- ***How are You Peeling? Foods With Moods***（Saxton Freymann 和 Joost Elffers 合著）。本書為幼年與成年讀者提供有吸引力且獨特的方式，呈現各種不同的情緒，同時賦予農產品新奇的功用，用作者的想像示範了創造力。
- Molly Bang寫的***When Sophie Gets Angry—Really, Really Angry*** 和 ***When Sophie's Feelings Are Really, Really Hurt***。
- ***Happy Hippo, Angry Duck: A Book of Moods***（Sandra Boynton）
- ***The Big Book of Hugs***（Nick Ortner）
- ***A Great Big Cuddle: Poems for the Very Young***（Michael Rosen）
- ***My Heart Is Like a Zoo***（Michael Hall）
- ***Mine!***（Sue Heap）
- ***Little Blue Truck***（Alice Schertle）
- ***How Full Is Your Bucket? For Kids***（Tom Rath）
- ***Sign About*** 系列書籍（Anthony Lewis）。這是一系列嬰兒手語書***Getting Ready***、***Play***

***Time*、*Meal Time*、*Going Out*。**

- ***Baby Signs: A Baby-Sized Introduction to Speaking with Sign Language***（Joy Allen繪圖）

扭動技能（孩子可以跟著扭動的書）

這些書的共通點就是讀者可以用身體享受這些書。無論是鼓勵孩子拍手、指出身體各個部位、伸手觸碰和感覺，或是跳躍，每一本書都很適合及早培育孩子的閱讀興趣，同時了解孩子有時候就是會忍不住扭動。

- ***From Head to Toe***（Eric Carle）
- ***Ten Tiny Toes***（Caroline Jayne Church）
- Mary Brigid Barrett 寫的***Pat-a-Cake*** 和***We All Fall Down***。
- *Jump, Frog, Jump!*（Robert Kalan）
- Raffi 寫的***Wheels on the Bus*** 和 ***Shake My Sillies Out***。
- Annie Kubler 寫的***Sign and Sing Along: Itsy-Bitsy Spider***、***Head Shoulders Knees and Toes***、***If You're Happy and You Know It***、***His Little Piggy***。
- ***Where Is Baby's Belly Button?***（Karen Katz）
- ***Baby Touch and Feel: Baby Animals***

- ***The Itsy-Bitsy Spider***（Rosemary Wells）
- DK出版的Touch and Feel 系列書籍，包括 ***Colors and Shapes***、***Animals***、***Baby Animals***、***Cuddly Animals***、***Bedtime***、***Bathtime***、***Mealtime***、***Farm***、***Noisy Farm***、***First Words***、***Numbers***、***Playtime***、***Splish! Splash!***、***Puppies and Kittens***、***Trucks***、***Wild Animals***、***Things That Go***。

為什麼、意志、搖晃和如果技能

- Creatrilogy 為Peter Reynolds寫作的創造力三部曲，包括 ***Ish***、***The Dot***、***Sky Color***。從書名就可以看得出來，作者明顯相信，從孩子很小的時候就要讓他用不同的眼光看世界，並且相信「如果」的力量。多年來，在培育創造力的書單上，我最愛的前幾名就包括*Ish* 和*The Dot*。*Sky Color*帶給我們的訊息則是我們的眼光要超越我們的預期。這是套書中的第三本，同樣值得一讀。（正體中文版：《有點樣子》道聲出版、《點》和英出版、《天空的顏色》和英出版）。
- ***Beautiful Oops!***（Barney Saltzberg）。這本書將紙上不小心撕破的地方變成鱷魚的大嘴，將圖畫上的汙漬變成可愛動物的形狀。這是一本很有趣味的書，會讓家長和孩子都覺得「錯誤就是一場創造力的冒險」，是「發現的起點」。

- ***The Little Engine That Could***（Watty Piper）。這本經典童書從第一句「我想我可以」開始，就是在講意志。藍色的小火車頭下定決心，接受挑戰，試圖將裝滿玩具和點心的破舊火車拉到山的那一頭，小朋友都在那裡等著呢。這本書已經印行了好幾百萬本，小火車頭非常成功，不但到達了山頂，而且還幫助孩子與家長擁抱並相信意志的力量。（正體中文版：《小火車做到了！》小天下出版）
- ***A Perfectly Messed-Up Story***（Patrick McDonnell）。書名裡的「亂七八糟」與「完美」清楚描述了這本書的內涵。此書充滿了作者的典型風格，有許多扭動的空間，可以克服遇到的任何障礙（例如小路易遇到了一坨果凍或是有顆粒的花生醬），而不是一味地追求完美。
- ***What Do You Do with an Idea?***（Kobi Yamada）。表面上看，這個故事是在講一個很棒的點子，以及想到這個點子的孩子。作者明白，孩子的點子需要環境提供支持與培育，孩子本身也需要張開翅膀，開始翱翔。在書中，作者的文字從獨白開始，然後逐步介紹了顏色，描繪出兒童提出「為什麼」和「如果」的能力，以及這些能力將如何改變世界。
- ***Beautiful Hands***（Bret Baumgarten）。作者每天都會問他的女兒：「你美麗的手今天會做些什麼事呢？」這本充滿啟發性的書加強了兒童及家長的基本信念，相信世界有無限可能。經由「如果」的力量，什麼都可以做到。

- ***Harold and the Purple Crayon***（Crockett Johnson）
- ***Art***（Patrick McDonnell）• ***Perfect Square***（Michael Hall）
- ***Horton Hatches the Egg***（Dr. Seuss）• ***The Most Magnificent Thing***（Ashley Spires）
- ***Peep Leap***（Elizabeth Verdick）• ***The Artist Who Painted a Blue Horse***（Eric Carle）

親職的目標和無條件的愛

- Rosemary Wells 寫的 ***My Shining Star*** 和 ***Hand in Hand***。這位暢銷書作家（也是我的好朋友）直接寫出了日常生活中，當一位關愛孩子、對孩子有反應的家長是怎麼一回事，以及其中的意義。
- ***You Are My I Love You***（Maryann Cusimano Love）裡面有許多簡單的童謠和輕鬆的想像。這本書抓住了家長和孩子之間特別的連結。
- ***I Love You More***（Laura Duksta）• ***Mama, Do You Love Me?***（Barbara M. Joosse）
- ***I Love You As Much...***（Laura Krauss Melmed）
- ***The I LOVE YOU Book***（Todd Parr）
- ***Guess How Much I Love You?***（Sam McBratney）
- ***Daddy Hugs***（Karen Katz）• ***You Are My Sunshine***（Caroline Jayne Church）
- ***I Love You Through and Through***（Bernadette Rosseti Shustak）

附錄二

「QI」的資源：將「QI」放進親職實務中

親職書籍

如果你的時間有限，可以僅參考〈附錄一〉的書單，享受和孩子一起閱讀的時光。如果還騰得出時間，也有興趣的話，這裡提供了一些親職書籍和科學來源，可與本書提出的概念相輔相成。

親職書籍

- ***Heading Home with Your Newborn: From Birth to Reality***
  小兒科醫師Laura A. Jana和Jennifer Shu合著（American Academy of Pediatrics, 3rd ed., 2015）。
  這本書是我和別人合寫的，提供家長務實且正向的親職洞見，以及令人放心的支持，可為正向的親職實務打下強健的基礎。

- ***Mind in the Making: The Seven Essential Life Skills Every Child Needs***

家庭與職場學院（Families and Work Institute）創建者Ellen Galinsky 著（Harper Collins, 2010）

如果你喜歡研究，想要更加了解這個領域的頂尖專業人士以及他們有意思的研究，以及如何將研究結果運用在日常生活中，如何從第一天起就和孩子互動以建構孩子的腦部，你就一定要讀這本書。這是我看過最完整的資訊了。

- ***The Philosophical Baby: What Children's Minds Tell Us About Truth, Love, and the Meaning of Life***

心理學教授Alison Gopnik所著（Farrar, Straus and Giroux, 2009）在本書中，你可以看到知名嬰兒腦部專家深刻討論孩子發育的驚人、有時很複雜的科學。

- **《孩子如何成功：讓孩子受益一生的新教養方式》（*How Children Succeed: Grit, Curiosity, and the Hidden Power of Character*）**

Paul Tough著（Houghton Mifflin Harcourt, 2013）

光是書名就應該令你感到好奇了，如果你進一步檢視這本書，你絕對不會失望的。作者寫得很棒，受到很多讚譽。他把教育現況做了一個總結，描述了將二十一世紀洞見引導到孩子如何成功（或者如何出錯）的人物、計畫和研究。（正體中文版由遠流出版）

- **《心態致勝：全新成功心理學》（*Mindset: The New Psychology of Success*）**

心理學教授 Carol Dweck 著（Ballantine Books, 2008）。

這本書的內容差不多介於親職和心理學之間，定義了僵化態度和成長態度的差別，包括可以運用在教養孩子上的重要（氣）概念。作者的研究極具影響力，在本書中做了更深入的描述，無論你是否閱讀了這個部分，你一定要採取成長的態度，並將成長的態度深植孩子腦海。（正體中文版由天下文化出版）

- ***Building Resilience in Children and Teens***

小兒科醫師 Kenneth R. Ginsburg 著（American Academy of Pediatrics, 2014）雖然作者是受過訓練的青春期醫藥專家，主要是治療年紀較大的孩子，他傳遞的概念也很適合幼兒（而且還很有說服力）。當你決心建構孩子在童年時期以及之後的氣技能時，這本書將讓你充滿期待。

- ***UnSelfie: Why Empathetic Kids Succeed in Our All-About-Me World***

Michele Borba著（Simon & Schuster/Touchstone, 2016）

我之前已經熟悉作者長期以來在親職、教育和同理心上知名的貢獻，2016年這本新書出版之前，我看了樣本（以及專家諸多讚譽），讓我一直在想，這本書在同理心上的重要性，以及能夠為如何鼓勵孩子發展同理心提供許多有用的資訊。

- ***All Joy and No Fun: The Paradox of Modern Parenthood***

Jennifer Senior著（HarperCollins, 2014）

許多書可以協助你思考：除了虎媽和直升機父母之外，還有什麼另類的選擇。這本書是其中之一。這本書將重建充滿樂趣的親職目標。如果沒時間閱讀，你還可以收看作者2015年的 TED演講。

「氣」的資源：關於「氣」的企業、領導力、創新以及心理學書籍

各領域如何應用氣技能

非親職類書籍

- 《自創思維》（***The Start-Up of You: Adapt to the Future, Invest in Yourself, and Transform Your Career***）

領英（LinkedIn）創建者之一的 Reid Hoffman 和 Ben Casnocha合著（Crown Business, 2012，正體中文版由天下文化出版）

這本書對今日的企業、創新和新創事業有完整的洞見。就是這本書說服了我，應該將二十一世紀技能組合在一起，寫一本相當於 The Start-Up of Your Baby 的書（最後促成了本書的出版）。

- ***The Medici Effect: What Elephants and Epidemics Can Teach Us About Innovation***

Frans Johansson著（Harvard Business School Press, 2006）

如果你想進一步探索各種人物、專業和機構的種種創新概念，你就應該讀這本書。這本書是讓我走上這條路的書籍之一。

- ***Business Plans Kit For Dummies***

Steven Peterson、Peter Jaret、Barbara Schenck合著（Wiley Publishing, 2010）

好啦，除非你時間真的很多（或是失眠），你不用讀這一本。但是如果你決定要讀的話，劃掉「企業」和「雇主」的字眼，用「家長」取代。同樣的，用「孩子」取代「員工」二字。你可能很驚訝，同時又覺得很有趣的發現，用策略來讓親職工作充滿希望與夢想是多麼的重要。

- ***Wellbeing: The Five Essential Elements***

Tom Rath和Jim Harter合著（Gallup Press, 2010）

《希望：蓋洛普調查主張，最有力量的幸福信念》（***Making Hope Happen: Create the Future You Want for Yourself and Others***）

Shane J. Lopez著（Simon & Schuster, 2013，正體中文版由三采出版）

這些書會讓你想一想（也會用許多有趣的研究說服你），到底是什麼定義了幸福和希望。這個概念可以運用在你自己身上，也可以運用在孩子身上。

- 《先問，為什麼？啟動你的感召領導力》（***Start with Why: How Great Leaders Inspire Everyone to Take Action***，Penguin, 2009，正體中文版由天下雜誌出版）
《最後吃，才是真領導：讓部屬擁有安全感，打造挖不走的零內鬨團隊》（***Leaders Eat Last: Why Some Teams Pull Together and Others Don't***，Penguin, 2014，正體中文版由天下雜誌出版）
這兩本書都是Simon Sinek寫的，都很深刻有趣。只要你一面讀，一面想著身為家長所扮演的角色，想著如何面對這個挑戰，就可以將內容連結到親職工作上了。
- 《動機，單純的力量》（***Drive: The Surprising Truth About What Motivates Us***）
紐約時報暢銷書作家Daniel H. Pink著（Riverhead Books, 2011，正體中文版由大塊文化出版）
你想要知道的一切關於意志、動機和驅動力的科學都在這本書裡了。有些部分充滿研究資料，但是很有價值、很重要，不愧為紐約時報暢銷書。
- 《富足：解決人類生存難題的重大科技創新》（***Abundance: The Future Is Better Than You Think***）
未來學的專家Peter Diamandis 和Steven Kotler合著（Simon & Schuster/Free Press,

2012，正體中文版由商周出版社出版）

為孩子將來生活的世界的樣貌提供了最前衛的看法。書很厚，內容聚焦在創新科技和巨大的改變。這本書適合喜歡新的大視野的想法以及有趣故事的人。

- **《*Google* 超級用人學：讓人才創意不絕、企業不斷成長的創新工作守則》**（***Work Rules! Insights from Inside Google That Will Transform How You Live and Lead***）

谷哥人資長Laszlo Bock著（Hachette Book Group, 2015）

Google的本質就是一個處理資訊的公司。作者用充滿自省的角度檢視常見的職場議題和作法，同時考慮到人的本性，辨識出如今職場最有價值的技能，寫出這本非常有意思的書。

- **《5個技巧，簡單學創新》**（***The Innovator's DNA: Mastering the Five Skills of Disruptive Innovators***）

Jeff Dyer，Hal Gregersen 和 Clayton Christensen合著（Harvard Business Review Press, 2011，正體中文版由天下雜誌出版）

作者是哈佛商學院教授，在創新科學中廣為人知。書中討論的技能和概念都可以應用在親職工作上，背後的研究（包括作者和其他人的研究）極為有趣。

關於作者

蘿拉．賈納醫師是一位知名小兒科醫師、健康議題發言者、獲獎的親職與兒童書籍作者。她在內布拉斯加大學醫學中心（University of Nebraska Medical Center）的公共健康學院（College of Public Health）擔任創新主任（Director of Innovation），同時也在賓州州立大學（Penn State University）的皮爾斯預防研究中心（Edna Bennet Pierce Prevention Research Center）擔任教授。過去二十年，她是全美聞名的專家，提倡兒童身心健康，為新手父母提供可信且務實的親職建議。賈納醫師是家長、全國媒體、學術及政府機構、非營利機構和主要企業信賴的顧問。

賈納醫師在生物科學上有很強的背景。她在密西根大學（University of Michigan）拿到細胞分子生物學學士學位，在凱斯西儲大學（Case Western Reserve University）拿到醫學博士學位，在加州大學舊金山分校（University of California-San Francisco）和克里夫蘭（Cleveland）的彩虹寶寶與兒童醫院（Rainbow Babies and Children's Hospital）完成小兒科訓練。接下來，她在俄亥俄州、維吉尼亞州和內布拉斯加州執業。賈納醫師曾經是班傑明・斯波克醫師（Dr. Benjamin Spock）的顧問，九零年代的時候斯史波克醫師合創了斯波克醫師公司（The Dr. Spock Company）。之後創建了自己的務實親職顧問公司（Practical Parenting Consulting）。

專業上，賈納醫師跨足務實親職界與學術界，結合健康與教育。長期以來，賈納醫師的焦點一直超越了小兒科診所的範圍，延伸到了教育、社區參與、健康科技與二十一世紀技能與職場人力發展、母體與兒童健康、親職、早期腦部與兒童發展、傷害預防、預防針、提倡健康與營養、肥胖預防。

賈納醫師決心協助所有家長，面對孩子最早，也最急迫的需要——尤其是地方上、全美和全球的貧困兒童。賈納醫師積極為兒童代言，身兼羅伯・強森基金會（Robert Wood Johnson Foundation）的策略顧問、ReadyNation的會員，以及報春花學校（Primrose Schools）負責人，推動美國早期教育與照顧的專業化及投資。她主辦了內布拉斯加州首座超過兩百名學生、具有AdvancEd資格的兒童教育中心長達九年，後來成為全國策略顧問。她是TED社群積極的一分子、長期參與並代言「伸出手閱讀」（Reach Out and Read）、早期童年冠軍（Early Childhood Champion）代言人與美國小兒科學會（American Academy of Pediatrics）

的媒體發言人。

最後，賈納醫師親身體現她所傳達的教育理念，認為自己最重要的角色就是自豪的母親與孩子的領導參與總長。她和擔任整形外科醫師的丈夫，以及三個正值青少年的孩子，住在內布拉斯加州的奧馬哈（Omaha）。她特別喜愛攝影、去新的地方旅行、分享新的想法、認識有趣的人。

如果想要知道賈納醫師的更多資訊，或是與她聯繫，請參考她的網站www.drlaurajana.com，在推特上追蹤 @KidDocJana，觀看她在二〇一四年的 TEDxOmaha 演講，題目是〈改變孩子人生的五個連結〉（Five Connections That Will Change Children's Lives）。

QI 教養，啟動幼兒大腦 / Laura A. Jana著.
-- 初版. -- 臺北市：遠流, 2017.08
面； 公分. -- (親子館 ; A5039)
譯自：The Toddler Brain : nurture the skills today that will shape your child's tomorrow : the surprising science behind your child's development from birth to age 5
ISBN 978-957-32-8044-6 (平裝)
1.親職教育 2.育兒 3.兒童發展
528.2 106011769

親子館 A5039

QI 教養，啟動幼兒大腦

作　者——Laura A. Jana
譯　者——丁凡
副總編輯——陳莉苓
特約編輯——丁宥榆
封面設計——江儀玲
行　銷——張哲誌

發行人——王榮文
出版發行——遠流出版事業股份有限公司
100臺北市南昌路二段81號6樓
郵撥——0189456-1
電話——2392-6899
傳真——2392-6658
著作權顧問——蕭雄淋律師

2017年8月1日 初版一刷
售價新台幣 320 元（缺頁或破損的書，請寄回更換）

ylib 遠流博識網
http://www.ylib.com E-mail: ylib@ylib.com